# 중등 필독 신문

고등학생이 되기 전에 읽어야 할 비문학 독해 이야기

# 중등 필독 신문

이현옥·이현주 지음

체인지업
CHANGEUP

# 프롤로그

그야말로 초미디어 시대다. 우리는 매분 매초마다 미디어에서 수없이 많은 정보를 받아들인다. 정보를 받아들일 때 우리는 매 순간 갈등한다. 가짜 뉴스가 판을 치고 허위 정보가 양산되는 미디어에서 어떤 정보를 받아들이고 어떤 정보를 버려야 할지 늘 고민스럽다. 이때 필요한 것이 바로 비판적 사고력이다. 비판적 사고력이란, 정보를 분석하고 평가하며 개인적인 판단을 형성하는 과정에서 사용되는 능력이다. 단순히 정보를 받아들이는 것을 넘어 주장이나 주장을 뒷받침하는 근거, 논리적 구조 등을 평가하고 검토하는 능력을 말한다. 즉 정보를 생각 없이 수용하기보다 정확하고 객관적인 기준으로 평가하고 수용하는 것이다. 이는 정보의 양이 늘어나면 늘어날수록 꼭 필요한 능력이다.

그렇다면 우리는 얼마나 많은 비판적 사고를 하고 있을까? 미디어에서 정보를 접했을 때 한 번이라도 '이게 정확한 정보일까?' 의심을 품고 관련 뉴스를 찾아본 적이 있는가. 뉴스 편집자가 선택한 뉴스, 즉 검색창에 나열된 뉴스 이외에 내 필요에 의해 뉴스를 찾아본 적이 얼마나 있었는가. 생각해보면 비판적 사고 없이 주어진 정보를 그대로 받아들인 경험이 훨씬 더 많을 것이다. 소셜미디어의 활성화와 정보 과부화, 알고리즘의 추천으로 자신의 의견과 일치하는 정보만을 접하게 되는 필터 버블 및 정보 격차로 성인뿐만 아니라 10대 역시 점점 비판적 사고력을 잃어가고 있다.

미래 사회에서는 비판적 사고를 하지 않으면 주체적인 생각을 가진 독립체로 살아갈 수 없다. 잘못된 판단과 결정을 하며 문제 해결에 어려움을 겪게 된다. 타인의 의사를 정확히 이해하거나 내 의사를 분명하게 전달할 수도 없다. 새로운 아이디어를 받아들이는 힘이 약해지고 문제를 개선할 수 없게 된다. 능동적인 학습을 하지 못하고 지적인 탄력성을 늘릴 수 없다. 이대로 살다가는 알고리즘이 추천하는 편향된 사고를 따라가는 기계 인간이 될 수밖에 없다.

우리에게 꼭 필요한 비판적 사고력을 기르기 위해 다시 처음으로 돌아가야 한다. 그래서 신문이라는 매체를 정했다. 신문은 다양한 주제와 정보를 다룬다. 이 책 역시 교육, 문화, 사회, 과학, 환경, 경제의 여섯 챕터로 나누어 10대에게 꼭 필요한 정보를 담았다. 이렇게 다양한 주제의 정보는 더 넓은 시야로 세상을 바라볼 수 있게 도와준다. 뉴스 기사를 읽은 후 비판적으로 생각하는 방법을 주제별로 함께 다루었다. 생각하는 방법을 배운 뒤 문제를 통해 생각을 정리하고 확장할 수 있는 기회도 만들었다.

초등학생과 달리 중학생은 자신의 생각이 뚜렷해지고 자신만의 세계관을 갖는 것이 더욱 두드러지는 시점이다. 따라서 비판적 사고력을 기르는 것은 중학교 입학을 앞두고 혹은 중학 과정과 고등 입학 전 꼭 필요한 활동이다. 이 활동을 통해 사회적 이슈에 대한 정보와 판단으로 사회적 의식이 생길 것이다. 뉴스와 미디어가 어떤 사안을 어떻게 전해야 하며 그 뉴스를 받아들이는 개인의 태도는 어떠해야 하는지 배울 수 있다. 미디어 소비를 어떻게 해야 하며 다양한 사안을 비판적 관점에서 평가하고 생각하는 힘도 키울 수 있을 것이다.

모든 것이 빠르게 변하는 세상이다. 인공지능의 발달로 사람의 입지가 줄어들 것이라고 한다. 이럴 때일수록 더욱 중요한 것이 생각하는 힘이다. 사회에서 이슈가 되는 가장 중요한 주제들을 비판적으로 생각해보는 연습을 통해 생각이 바로 서고 주체적으로 생각할 수 있는 멋진 10대로 거듭나기를 기대해본다.

**목차**

## Chapter.4 ▶ 과학

## Chapter.5 ▶ 환경

## Chapter.6 경제

# Chapter 1

# 교육

# 교복, 꼭 입어야 하는 걸까?

서울시교육청 자료에 따르면 2023년 9월 기준, 서울 국공립·사립 중고등학교 707군데 가운데 교복 착용 학교는 600군데다. 84.86%의 학교가 교복을 착용하고 있다. 하지만 실제로 학교에서 교복을 착용하는 학생은 많지 않다. 불편한 교복 대신 생활복이나 체육복을 입는 학생이 훨씬 더 많기 때문이다. 서울시교육청이 2019년 배포한 '편안한 교복 학교 공론화 매뉴얼'에 따르면 서울시 중고등학교 하복 기준 의무화 비율이 11.1%에 불과하다. 교복과 생활복 중 선택 착용을 하거나 생활복만 입도록 한 학교가 많았기 때문이다. 학생들이 체육복이나 생활복을 입고 등교하는 일이 많아지면서 교복 폐지론마저 나오고 있다. 정부가 교복 지원금으로 1인당 30만 원을 지원하고 있지만 정작 옷장에 걸어만 두고 졸업식 때만 입는 교복만을 위해 사용되는 것이 의미 없다는 지적이다. 교복 지원금을 생활복이나 체육복을 사는 데 쓰도록 바꿔야 한다는 주장도 많다. 실제 학생들이 많이 착용하는 생활복은 여러 벌이 필요하다. 실용적으로 예산을 지원하는 것이 맞다는 의견이다. 학생들이 입학 당시와 학교의 중요 행사 시에만 교복을 입고 있어 실용성이 낮다는 주장도 있다. 거기다 앞으로는 교복을 처음부터 생활복이나 체육복 형태로 만들어야 한다는 의견도 늘어나고 있다. 따라서 학교 교복이 실용적이고 활용 가능한 방향으로 변화되어야 한다는 주장은 앞으로도 계속될 전망이다.

교복을 생활복이나 체육복으로 대체하면 학생들의 다양성이 존중된다. 자신의 스타일과 필요에 따라 다양한 옷을 골라 입을 수 있기 때문이다. 편안하게 옷을 입으면 학생들의 활동성도 높아진다. 체육 수업이 있는 날은 무조건 체육복을 입고 가는 학교가 많아 그동안 교실에서 옷을 갈아입느라 발생했던 불편도 많이 줄었다. 또한 교복은 특정 브랜드로 고정되어 가격이

비싸다는 단점이 있었다. 이를 생활복으로 대체하면 가격 경쟁이나 다양한 쇼핑 옵션을 통해 경제적 부담을 줄일 수 있다. 물론 학생들 간 동질감을 만들어 주던 교복의 역할이 사라지면서 학교의 일관성이 낮아질 수 있는 문제가 있다. 옷을 통한 외모 표현의 기회가 늘어나면서 불평등이나 부조화 문제도 생길 수 있다. 또 단체의 정체성을 형성하는 데 어려움이 생길 수 있다.

## 📖 어떻게 생각할 것인가

비판적으로 생각하기 위해서는 다양한 의견에 주목할 수 있어야 한다. 교복 폐지에 대해 찬성하는 의견도 있지만 반대 의견도 있다. 의견의 주요 내용을 알아보며 어떤 것이 더 합리적인 의견인지 판단할 줄 알아야 한다. 교복에 대한 찬성 의견으로는 '교복을 착용함으로써 학생이라는 의무감이 생긴다. 교복을 입었을 때 탈선의 가능성도 낮아지고 일체감과 공동체 의식을 느낀다. 교복을 입지 않으면 왕따나 빈부 격차가 드러날 가능성도 있어 완전 폐지는 문제가 많다. 학생들이 교복을 통해 신원을 알 수 있기에 일탈 행위를 예방할 수 있다' 등이다.

반대 의견은 교복만으로는 학생들의 일탈 행동을 막을 수 없고, 보다 근본적인 해결책이 마련되어야 한다는 것이다. '사복이나 생활복, 체육복을 입고 공부하는 것이 더 편하다. 엄청난 비용을 들여가면서 불편한 교복을 계속 주장할 필요는 없다'는 주장도 있다. 학생들의 교복 착용으로 개성 표출이 어려우며 교복에 쓰여 있는 이름표로 학교와 이름, 학년이라는 중요한 개인 정보가 노출된다는 문제도 있다. 주말이나 방과 후에 입을 일상복이 추가로 필요하며 교복 위에 패딩이나 코트를 입기에 교복 착용의 의미가 약하다는 지적도 나온다.

이런 두 가지 찬성과 반대 의견의 접점으로 떠오른 것이 생활복이나 체육복을 교복으로 지정하면 좋을 것이라는 주장이다. 과연 체육복과 생활복이 교복의 대체제가 될 수 있을까? 다양한 의견 가운데 가장 문제가 적으면서 합리적인 대안이 무엇인지 생각해보자.

##  비판적 사고력 UP!

**1.** 내가 생각하는 교복 폐지 찬성과 반대의 이유는 무엇인가?

**2.** 체육복이나 생활복 착용의 문제점은 없을까?

**3.** 교복 폐지에 대한 나의 최종 판단을 정리해서 적어보자.

# 게임을 무조건 하지 말라고요?

미성년 셧다운제가 2022년 1월 1일부터 청소년 보호법 개정에 따라 10년 만에 폐지되었다. 셧다운제는 16세 미만 청소년에게 심야 시간대에 인터넷 게임 제공을 금지하는 제도이다. 심야 시간에 청소년이 게임을 하지 못하도록 자정에 게임이 꺼져 신데렐라법이라 불리기도 했다. 강제적 셧다운제는 게임을 부정적인 것으로 낙인찍었다. 게임 산업의 발전을 저해하며 개인이 조정할 수 있는 자유를 빼앗았다는 문제가 있었다. 마인크래프트가 16세 미만 이용자에게 셧다운제를 적용하겠다고 발표하면서 폐지에 대한 주장이 많아졌다. 게임뿐 아니라 소셜 네트워크 서비스나 OTT, 유튜브 등 청소년들이 즐길 수 있는 인터넷 서비스가 늘어났다. 이러한 변화가 셧다운제 폐지에 대한 주장에 힘을 실어주었다.

셧다운제가 사라지면서 청소년이나 부모가 원하는 시간에 게임을 제한할 수 있는 시간 선택제가 실시되었다. 게임 시간 선택제는 18세 미만 청소년의 부모나 법정 대리인이 특정 시간에 인터넷 게임 접속을 차단하는 제도이다. 연매출 300억 원 이상 또는 직원이 300명이 넘는 게임 업체는 의무로 도입해야 한다. 대부분의 게임 업체가 이에 해당된다. 거의 모든 게임 업체가 시간 선택제를 적용해야 해서 강제적 셧다운제와 크게 다르지 않다. 강제적 셧다운제보다 약하긴 하지만 시간 선택제도 여전히 법률로 게임 이용을 규제하고 있다. 앞으로는 선택적 셧다운제도 폐지하고 자율 규제 형식으로 대안을 추가 검토해야 한다는 의견도 있다. 시간 선택제는 법정 대리인이 설정하고 자녀가 변경할 수 없기에 청소년 권리가 보호되지 못할 수 있다. 청소년의 자기 결정권과 행복 추구권 존중에 있어 방해가 되는 시간 선택제에는 개선되어야 할 부분이 있다.

무조건 게임을 억제하기보다는 게임에 대한 올바른 인식 교육이 필요하다. 학교나 교육 기관에서 건강한 게임 습관을 형성하기 위한 교육을 실시하고 문제가 생기면 도움을 주는 지원 체계를 마련해야 한다. 게임을 하면서 지식과 기술을 습득할 수 있는 방법을 개발하고 학습 성과를 게임 내에서 측정할 수 있는 방법을 찾는 것도 좋다. 게임 시간을 효과적으로 관리할 수 있는 기술과 전략을 가르치고, 안전하고 건강한 게임 사용을 위한 자료를 제공한다. 게임 시간 선택제를 더 유연하게 적용하여 학생의 개인적인 특성이나 학습 상황에 따라 조절할 수 있는 정책을 마련할 수 있어야 한다. 무조건 게임을 하지 못하도록 막는 것이 능사가 아니다. 보호자의 개입 없이도 청소년들이 게임을 조절해 나갈 힘을 기르는 방향으로 제도가 보완되어야 할 것이다.

## 어떻게 생각할 것인가

비판적 사고력을 키우기 위해서는 역사적인 배경을 알아보는 것도 필요하다. 스토리를 살펴보면서 사안에 대해 판단해볼 수 있기 때문이다. 처음 셧다운제가 생긴 배경부터 살펴보자.

2004년 10월 몇몇 시민단체들이 청소년 수면권 확보를 위해 온라인 게임의 셧다운 제도 도입을 촉구했다. 장시간 게임에 몰입 시 건강을 해칠 수 있다는 주의 문구와 서비스 이용 후 특정 시간이 경과하면 경고 문구를 표시하자고 했다. 장시간 이용할 때는 페널티를 부여하고 친권자, 후견인 등 법정 대리인의 요청에 따라 서비스를 제한하는 등의 내용이 제안되었다. 여러 번 제도 도입을 위해 노력했으나 무산되다가 2011년 공식적으로 셧다운 제도가 도입되었다. 그러나 셧다운제가 개인의 자유를 크게 침해

한다는 의견이 끊임없이 제기되었다. 표현과 사상의 자유에 힘입어 셧다운제를 폐지하게 된 것이다.

이처럼 셧다운제에 대한 역사를 살펴보면 청소년의 권리와 게임 몰입의 문제점 사이에서 많은 갈등이 있어 왔음을 알 수 있다. 쉽사리 법안이 통과되지도 않았고 셧다운제 폐지로 문제가 해결되지도 않았다. 과거를 보면 미래를 짐작할 수 있다. 시간 선택제가 게임 이용을 규제하고는 있지만, 그 실효성에 대해서는 생각해봐야 한다. 역사적으로 살펴본 바와 같이 자유와 규제 사이의 갈등은 계속될 것이다. 그렇다면 이 둘이 조화를 이루면서 청소년에게 도움이 되는 방법을 찾아야 한다.

역사적인 사실과 과정을 통해서 문제를 규정하고 미래를 짐작해보는 것은 비판적 사고에서 무척 중요한 부분이다. 역사는 반복될 수밖에 없다. 역사를 통해서 앞으로 나아가야 할 방향을 정해야 한다. 제도의 문제와 보완점을 역사적인 사실이 그대로 보여주기 때문이다. 그러므로 해결책을 잘 모르겠거나 생각이 떠오르지 않을 때, 제도가 제대로 된 방향으로 나아가는지 의문이 생길 때는 그동안의 역사를 살펴보자. 문제 해결의 실마리가 보일 것이다.

##  비판적 사고력 UP!

1. 셧다운제 폐지에 대한 나의 찬성과 반대 의견은 무엇인가?
2. 시간 선택제의 문제점과 긍정적인 측면은 무엇인가?
3. 청소년의 건강한 게임 활용을 위한 대안을 제시한다면?

촉법소년제란, 미성년자에 대한 처벌 및 보호에 관한 특수한 제도이다. '촉법소년'은 대한민국의 법률 용어로 범행 당시 형사책임 연령인 만 14세가 되지 아니한 소년범을 말한다. 촉법소년은 성인과 다른 형법상의 처벌이나 처분을 받을 수 있다. 보호 처분이나 교육, 상담, 감호, 지도 등 사회적 교육과 재활 위주의 처벌을 한다. 촉법소년의 처벌이 가벼운 것은 미성년자에게 가혹한 처벌을 하지 못하게 하려는 목적이 있다. 이는 여러 문제를 발생시키기도 한다. 우선 범죄에 따른 처벌을 결정하는 어려움이 있다. 어느 정도의 범죄까지 엄격한 형법을 적용해야 하는지 정해야 하는데 한 가지 범죄에 대해서도 '엄격하게 처벌해야 한다'는 측과 '보호와 교육으로 다스려야 한다'는 의견을 조율할 적정할 기준을 찾기가 어렵다.

또한 촉법소년에게 가벼운 처벌을 내림으로써 재범 가능성이 높아진다는 주장도 있다. 재범을 예방하고 미성년자에게 사회 복귀와 재활의 기회를 주겠다는 본래의 취지와도 맞지 않다. 미성년자에게만 가벼운 처벌을 주는 것이 공정한지에 대해서도 의견이 나뉜다. 사회적인 배경이나 경제적 상황, 가정 환경에 따라 처분이 달라지게 된다면 이는 또 다른 불평등을 일으킬 수 있다. 촉법소년에 대한 가벼운 처벌로 인해 사회적 안전망이 헐거워진다는 의견도 많다.

촉법소년제를 더 효과적으로 운영하기 위해 범죄의 종류와 심각성에 따라 개별적으로 판단하는 것을 개선해야 한다. 촉법소년의 나이에 따라 다르게 대응할 수 있는 세분화된 접근도 고려할 필요가 있다. 법률 규정을 명확하게 구체적으로 바꿔야 한다. 처벌 기분과 범죄 유형에 대한 명확한 기준을 마련하여 판단이 일관적으로 이뤄질 수 있게 해야 한다. 미성년자의 범죄행위를 예방하고 재발을 방지하기 위한 프로그램과 가족 및 지역 사회 교육프로그램도 필요하다. 미성년자의 정서적, 심리적 문제에 대한 조기 발견과 개입으로 범죄를 예방하고 수감된 후 사회로 돌아갈 복귀 프로그램도 다양하게 마련되어야 할 것이다.

　미성년자를 보호하고 재활과 교육의 기회를 제공하며 유연성을 발휘한 맞춤형 처벌을 하는 촉법소년제는 과연 필요할까? 범죄 행위에 대한 가벼운 처벌로 인해 사회적으로 안전해야 할 청소년 세상이 무너질 수 있다. 법체계가 공평하고 일관성 있게 운영되지 못하고 모든 시민이 동등하게 책임을 나눠 갖지 못할 수도 있다. 범죄 예방에도 효과적인지 의문을 갖게 하는 촉법소년제. 폐지에 대한 의견이 거세지는 가운데 촉법소년제의 유효성에 대해서는 깊이 있는 논의가 필요하다.

## 어떻게 생각할 것인가

비판적 사고력을 키우기 위해서는 '왜?'라는 질문이 중요하다. 촉법소년제에 대해서도 '왜?'라는 질문을 통해서 사안을 파악해보자. '왜' 촉법소년제가 생겨나게 됐을까? 미성년자를 보호하고 재범을 예방하기 위해서다. 성인과 다르게 교화함으로써 효과를 높이고자 하는 목적이 있다. 미성년자의 뇌 발달이 아직 완성되지 않아 판단 능력이 낮기 때문에 그것을 고려한 것이다. 아직 미성숙한 아이들에게 성인과 같은 결과를 대입하기는 어렵다. 미성년자를 보호하고 교육함으로써 범죄를 예방하고 사회로 빠르게 복귀시키고자 하는 목적도 있다. 미성년자의 인권을 존중하면서 조금 더 성숙한 방향으로 문제를 해결하고자 하는 의지도 담겨 있다. 이렇게 좋은 목적에서 시작된 촉법소년제는 왜 문제가 되었을까?

여기서 다시 '왜?'라는 질문을 던져보자. 촉법소년이라는 점을 악용하는 사례가 생기기 시작했다. 나이가 어려서 처벌을 피할 수 있다는 생각에 범죄에 청소년들이 이용되는 경우가 생긴 것이다. 전기차를 훔친 뒤 초등학생에게 운전을 시키는 사건이나 초등생이 낀 10대 3인조 금은방 털이 사건도 있었다. 무인 모텔에서 10대들이 술을 마시고 난동을 부린 뒤 "촉법소년이니 죽이고 싶으면 죽여 보라"며 당당한 태도를 보인 사건도 있다. 이처럼 촉법소년제라는 제도를 이용해 범죄를 저지르는 사례가 늘어나면서 문제가 제기되었다. 최근 20년간 소년 범죄 중 강력 범죄 비율이 2000년 36.31%에서 2020년 86.22%로 늘어난 것이 이를 입증한다.

촉법소년 문제에 대해 '왜?'라는 질문을 던지며 문제를 더욱더 심도 있게 바라볼 수 있었다. '왜?'라는 물음은 문제에 대한 이해력을 높이고 깊은 통찰력을 갖게 한다. 문제를 해결할 수 있는 시작점과 문제 발생의 근본 원인을 찾을 수 있다. 이렇듯 사안을 접할 때 '왜?'라는 물음을 갖고 사실을 확인하며 질문하는 습관을 가져보자. 문제를 깊이 있게 파악하고 세상을 알아가는 데 도움이 될 것이다.

 ## 비판적 사고력 UP!

1. 촉법소년제가 가장 필요한 이유는 무엇일까?
2. 촉법소년제의 문제점은 무엇일까?
3. 촉법소년제, 유지해야 할까? 유지하지 않는다면 대안은 무엇일까?

# 늦잠 자고 9시까지 학교 가면 안 돼?

9시 등교제는 2014년 진보 성향의 이재정 전 경기도교육감이 아이들의 수면권을 보장한다며 만든 제도이다. 등교 시간을 늦춤으로써 수면 부족으로 인한 집중력 저하를 개선하겠다는 의도였다. 밤늦은 시각까지 학원에 다녀와 늦은 시간에 잠자리에 드는 학생들은 아침에 일어나기를 힘들어했다. 수업 시간에 조는 학생이 많다는 문제점도 개선하고자 했다. 아침에 겨우 일어나 등교하다 보니 아침밥을 못 먹는 경우도 허다했다. 학생들의 건강과 수면권을 보장한다는 취지의 9시 등교제는 2021년 기준 경기도 초중고 2,466곳 중 2,436곳(98.8%)이 실시 중이다.

9시 등교제는 2022년 경기도에서 자율화를 선언하며 다시 이목을 끌었다. 사실상 9시 등교제를 폐지하고 학교 자율에 맡기겠다는 것이다. 등교 시간을 자율화하여 학교의 자율성을 보장하겠다는 취지다. 각 학교의 지역 특성과 학생 성장, 건강 등을 고려하고 학교 교육 공동체의 의견 수렴을 거쳐 등교 시간을 자율로 정한다. 구성원이 함께 정한 등교 시간을 존중하는 의미로 등교 시간에 대한 점검 등은 실시하지 않겠다고 했다. 또한 수업 시작 시간과 점심시간, 하교 시간도 학교의 특성에 따라 결정할 수 있도록 했다.

맞벌이 가정의 경우 9시 등교제를 시행했을 때 아이만 남겨두고 출근해야 하는 부모들의 어려움이 있어 반발이 컸던 게 사실이다. 또 학교 수업 시간이 뒤로 미뤄지면서 하교 후 학원으로 이어지는 전체 학습 시간이 늦어진다는 반발도 있었다. 0교시 부활로 늦은 시간까지 학생들을 공부시키지 않게 하겠다는 의중도 깔려 있었다. 아이들이 등교 시간을 기다리며 디지털 기기에 빠져 있는 것도 부모들의 힘든 점 중에 하나였다.

그러나 경기도 학생의 80%는 학교에 일찍 오는 것이 힘들다며 반대했다. 부모의 주장과 학생의 의견 또한 일리가 있기에 판단에 어려움이 있다. 학생 등교 자율제는 학생들에게 자율성과 책임감을 키워주어 스스로 책임질 수 있다는 장점이 있고 자기 조절 능력도 키워준다. 스스로 결정하고 판단하면서 긍정적인 학교 분위기가 형성되고 친구들과 협력할 기회도 늘어나기 때문이다. 그러나 부모가 학생의 생활을 제어하거나 규칙적인 습관을 잡아주기가 어렵고, 가정과 학교 내에서의 안전 문제가 발생할 수 있다는 문제도 있다. 이처럼 9시 등교제에 대한 현장의 목소리는 찬반이 분분하다.

## 어떻게 생각할 것인가

과학적 근거를 통해 9시 등교제를 분석해보자. 비판적으로 사고하기 위해 과학적이고 논리적으로 사안에 접근하는 방법도 중요하다. 아이들의 수면 패턴 분석을 통해 9시 등교제의 실효성을 판단해볼 수 있겠다. 자기 관리가 어려워 부모의 도움이 필요한 초등학생은 논외로 하고 9시 등교제를 중고등학생에게 적용하는 문제를 생각해보자. 진짜 과학적으로도 9시 등교가 아이들의 수면 건강에 도움이 될까?

사춘기가 되면 수면 패턴에 변화가 생긴다. 청소년기의 수면 시계는 아동기보다 2시간 정도 늦게 작동된다. 즉 늦게 자고 늦게 일어나는 패턴이다. 사춘기 청소년들이 새벽에 깨어 있는 모습은 흔하게 볼 수 있다. 아이들이 스마트폰이나 게임 때문에 늦게 자는 것이라 생각하지만, 실제 아무것도 하지 않고 아이를 재워봐도 결과는 크게 다르지 않다. 생체 리듬이 변화되어 수면에 관계된 호르몬인 멜라토닌 분비 시간이 늦어지는 것이다. 수면 부족을 인지하는 뇌의 반응 또한 아동기에 비해 느려진다. 즉 청소년기 아이들이 늦게 자고 늦게 일어난다는 것을 과학적 사실을 통해 알 수 있다. 청소년기의 수면 부족은 대사 장애나 충동 및 조절 장애, 감정 조절과 스트레스에 취약하게 만들 수 있다.

청소년의 권장 수면 시간은 8~10시간이다. 그러나 실제 우리나라 청소년의 평균 수면 시간은 2020년 기준 7시간 18분이다. 늦은 시간 등교를 통해서라도 늦어진 수면 패턴을 가진 아이들에게 잠을 제공할 수 있다는 결론이 나온다. 이렇게 분석해보면 9시 등교제가 아이들에게 의미 있는 제도였다고 판단할 수 있다.

이처럼 과학적인 사실과 근거를 바탕으로 비판하며 내용을 받아들일 수 있다. 자료를 기반으로 다양한 소스의 정보를 검토하며 사안을 분석하다 보면 자연스럽게 논리적 추론을 연습하게 된다. 생각을 논리적인 흐름에 따라 할 수 있고 정리도 가능하다. 그 과정에서 문제 해결 능력이 향상된다. 이처럼 과학적 근거를 통한 생각의 과정은 비판적 사고력을 키우는 핵심이 된다.

 **비판적 사고력 UP!**

**1.** 9시 등교제의 찬반 이유를 정리해보자.

**2.** 찬성과 반대의 근거 중에서 과학적인 사실을 기반으로 판단 가능한 것은 무엇인가?

**3.** 9시 등교가 아이들의 잠과 건강에 도움이 되지 않는다는 과학적 근거를 찾아보자.

# 저녁 8시까지 학교에서 돌봐줄게

교육부는 2025년까지 늘봄학교를 전국적으로 운영할 계획이라고 밝혔다. 초등학생 방과 후 활동 지원을 통해 교육과 돌봄에 대한 국가 책임을 강화한다는 방침이다. 학부모의 돌봄 부담을 경감하고 학교 교육 출발 시기의 교육 격차를 해소할 수 있도록 모든 학생에게 개별화된 교육과 돌봄을 통합적으로 제공하겠다는 것이다. 늘봄학교란, 초등 전일제 학교에서 이름을 변경한 '늘 봄처럼 따뜻한 학교'라는 뜻이다. 늘봄학교는 신입생 학교 적응과 조기 하교에 대한 돌봄 공백을 해소하기 위해 희망 학생을 대상으로 초1 에듀케어 프로그램을 시범 운영한다.

1학년 1학기에는 놀이와 체험 중심의 맞춤형 프로그램을 진행한다. 신입생 학부모를 대상으로 방과 후와 돌봄에 대한 정보를 제공한다. 미래형 신수요 프로그램을 확대해서 AI나 SW 등 디지털 교육 기회를 확대한다. 기업과 대학, 전문 기관 등의 민간 참여를 활성화하고 에듀테크를 활용한 혁신적 교수 방법도 도입할 계획이다. 필요할 때 이용 가능한 탄력적 돌봄으로 아침과 틈새, 일시 등 돌봄 유형을 다양화하고 오후 8시까지 확대 적용한다는 방침이다. 고학년은 방과 후 연계 틈새 돌봄과 일시 돌봄을 제공하고 저녁밥과 간식 제공 및 프로그램도 운영할 예정이다.

안정적으로 늘봄학교가 운영되기 전 문제점도 제기된다. 돌봄을 확대하면서 전담 인력과 공간의 부족 문제가 대두되었다. 돌봄 전담사들의 경우 각 학교와 개별 근로 계약을 맺고 근무한다. 학교별로 돌봄 수요에 따라 근무 시간도 달라지는데 갑자기 늘봄학교를 늘리면서 인력이 확보될지도 미지수다. 초등학생 아이들을 저녁 8시까지 데리고 있기에는 학교라는 공간이 쾌적하지 못하다는 지적도 있다. 가정처럼 편안한 분위기에서 돌봄이 이뤄져야 하는데 교실은 아이들에게 편히 쉴 수 있는 공간이 아니다. 학습을 위해 마련된 공간이기에 아이들에게 부적절하다는 비판도 있다. 어른보다 더 오랜 시간 학교에 머물러야 하는 아이들에 대한 걱정도 존재한다. 또 학교와 교사에 대한 과도한 돌봄 책임 부여도 논란이 되었다.

아이들을 제대로 돌보기 위해서는 부모가 자녀를 돌보는 '가정 돌봄'을 확대할 수 있도록 전반적인 고용, 복지, 가족 정책의 변화가 우선되어야 한다는 지적이다. 부모들이 자녀를 돌보면서 안정적인 일자리를 보존할 수 있도록 재택근무와 유연한 근무를 강화할 수 있다. 학교를 넘어서 지역 사회 기반의 돌봄 서비스를 강화하고 부모 교육과 가족 돌봄 전문가를 늘릴 수도 있다. 학교에게만 돌봄의 책임을 전가하는 것이 아니라 업계의 협력을 통해 사회가 함께 돌봄의 역할을 나눌 때 건강한 돌봄으로 나아갈 수 있다.

## 어떻게 생각할 것인가

정책에 대해 분석하고 비판적 사고력을 기를 수 있는 내용이다. 앞으로 시행이 예고된 정책에 대해 분석할 때는 어떤 방법을 써야 할까?

일단 다양한 정보를 수집해야 한다. 단일한 정보나 편협한 한쪽만의 주장으로 정책을 판단해서는 안 된다. 다양한 분야와 소스를 통해 정보를 수집한다. 기사 댓글만 봐도 편협한 내용이 많다는 것을 쉽게 알 수 있다. 다양한 관점에서 다룬 뉴스들을 봐야 도움이 된다. 다른 나라에서는 비슷한 상황에서 어떤 정책을 운영하고 있는지 비교하고 대조해보는 것도 좋다. 어떤 정책이 효과적이었는지도 분석해본다. 어떤 점에서 정책이 실패했고 어떠한 어려움이 있었는지를 찾다 보면 늘봄학교에 대한 정책에도 비판적인 관점을 가질 수 있다.

역사적 맥락을 고려해보는 것도 좋다. 우리나라 맞벌이 부부의 자녀 돌봄이 어떻게 이루어졌는지 살펴본다. 미래의 환경이 어떻게 달라질 것이며 돌봄의 추세가 어떻게 변화할지 생각해본다. 이 정책이 실행되었을 때 사회적으로 어떤 파장을 겪을지도 예상해본다.

아이 하나를 키우는 데 드는 경제적 비용과 부담 때문에 출산율이 낮아지고 있다. 이런 상황에서 학교에서 늘봄을 통해 아이들을 돌보는 것은 분명히 도움이 될 것이다. 하지만 그와 반대로 오히려 가정에서 돌봄을 할 수 있도록 고용 정책이 어떻게 변화할 수 있는지도 생각해볼 수 있다.

정책에 대한 토론 내용을 찾아봐도 좋다. 다양한 패널들의 의견을 통해 여러 관점에서 정책을 평가하는 데 도움이 된다. 이러한 논리적 사고를 통해 문제점을 식별하고 정책의 변화 발전 과정에 대해 지속적으로 관심을 갖다 보면 자연스럽게 비판적 사고력이 생길 수밖에 없다. 정책의 여러 이면과 역할, 방향에 대해 생각해보면 사회의 흐름을 파악하는 데 도움이 된다. 늘 정책에 대해 깨어서 찾아보고 방향에 대해 고민해보면 세상을 바라보는 선구안을 가질 수 있게 될 것이다.

 **비판적 사고력 UP!**

1. 늘봄학교 정책에 대한 학부모의 다양한 반응을 예상해보자.
2. 늘봄학교 운영에 대한 교사 및 학교의 반응은 어떨까?
3. 늘봄학교 운영을 문제없이 진행하기 위해 필요한 것은 무엇일까?

# 06 조별 과제, 또 나만 진심이었지

학교에서 수행 평가를 하다 보면 조별 과제를 내주는 경우가 꽤 있다. 학생들이 협동적으로 과제를 수행하고 효과적으로 팀원과 소통하는 연습을 위해 조별 과제가 주어진다. 서로 다른 배경과 관점을 가진 친구들과 조별 과제를 하며 다양성을 배울 수 있다. 팀원과의 소통을 통해 문제 해결 능력도 키워진다. 팀원 간의 일정 조율과 업무 분담으로 자신이 잘하는 것과 어려워하는 것을 파악하고 부족한 면을 키울 수도 있다. 학생들이 다양한 역량과 능력을 발휘하도록 하고 조원과의 의사소통과 협력을 통해 사회적 기술도 강화한다. 협력이 제대로 이뤄지면 정말 많은 것을 배울 수 있는 것이 조별 과제다. 하지만 이렇게 좋은 취지에서 시작한 조별 과제가 학생들에게는 오히려 스트레스로 작용하는 경우도 많다.

조별 과제를 진행하면서 각자의 성향에 따라 반응이 달라 함께 힘을 합쳐 프로젝트를 진행하는 것이 쉽지 않은 까닭이다. 팀을 나눠 과제를 하다 보면 모든 팀원에게 역할이 부여된다. 그러나 모든 팀원이 제 역할을 다 해내는 것은 아니다. 열심히 자신의 개별 과제처럼 참여하는 팀원도 있지만 아닌 경우도 허다하다. 무엇을 해야 될지 몰라 이랬다저랬다 말을 바꾸기도 하고, 제대로 아는 것도 없으면서 자기 주장만 내세우고 고집을 피우기도 한다. 약속 시간을 지키지 않거나 바쁘다는 이유로 자신에게 주어진 분량조차 채워오지 않는다. 엉뚱한 내용을 조사해 오히려 방해가 되는 경우도 있다. 인터넷에서 자료를 그대로 퍼오거나 성실하게 참여하지만, 과제의 내용에 전혀 도움이 되지 않으면 함께하는 팀원들이 답답할 수밖에 없다. 꾸준히 참여는 하지만 전혀 의견을 내지 않거나 크게 기여하는 바 없이 점수만 따 가는 경우도 생긴다. 이런 친구들 때문에 조별 과제가 오히려 스트레스라는 친구들도 많다. 개별 과제처럼 열심히 하는 두세 명의 친구들이 손해를 보는 경우가 흔하기 때문이다.

조별 과제의 이점을 살리면서 팀원들이 스트레스받지 않고 협력하여 과제를 완성할 수 있는 방안이 필요하다. 적극적 의사소통을 통해 확실한 역할을 분배하고 합의된 목표를 위해 중간 회의를 하며 팀원이 서로를 독려한다. 상호 피드백을 통해 작업물의 품질을 향상하며 과제 마감일을 고려한 백업 일정을 설정하여 일정을 지키도록 유도할 수도 있다. 이를 위해 교사들은 부분 점수를 도입하기도 하지만 여전히 조별 과제를 스트레스로 생각하는 학생들이 많은 것이 사실이다.

## 어떻게 생각할 것인가

조별 과제에 대한 분석문을 읽고 나의 경험을 빗대어 논리적 사고력을 키워보자. 조별 과제를 하면서 느꼈던 어려움이 고스란히 분석문에 나와 있다. 거기서 느꼈던 나의 감정을 통해 어떻게 하면 조별 과제를 스트레스받지 않고 잘 수행할 수 있을지 생각해본다. 경험을 살려 비판적 사고력을 기를 수 있다.

우선 자신이 경험한 것들을 정리해보면 좋다. 어떤 상황에서 어떤 감정을 느꼈는지를 생각해보며 조별 과제에 대한 자신의 생각을 정리한다. 이때 나만의 편협한 생각이 되지 않으려면 다른 사람들의 경험담을 듣거나 검색해보는 것이 도움이 된다. 다른 사람의 경험을 들으며 이야기를 나누는 것은 생각을 확장시킨다. 서로 다른 관점을 이해하고 간접 경험을 통해 다양한 방식의 생각하는 법을 알게 된다. 과거에 자신이 내렸던 판단을 돌아보고 정리하면 다음에 비슷한 상황에서 더 나은 대처 방법을 생각할 수 있다. 지난 경험에서 어떤 문제가 있었는지를 기억하고 해결 방법에 대해 정리하는 것은 해결 능력을 향상시켜 준다.

이를 통해 현실적인 문제에 다시 직면했을 때 해결책을 더 쉽게 찾을 수 있다. 조별 과제를 시작하기 전에 팀원끼리 모여 이런 어려움을 해결하고 가장 좋은 결과를 낼 수 있는 방법을 찾아보는 것이다. 과제 시작 전에 규칙을 정하고 그 약속을 지키면 조별 과제에서 조금 더 좋은 성과를 낼 수 있다. 해결해야 할 조별 과제에 대해 서로 토론하고 의견을 교환한다. 서로의 의견을 존중하며 문제를 정의한다. 꼭 필요한 자료와 증거를 모을 수 있는 방법과 조원들의 의견을 수렴하는 경험을 통해 조금 더 발전된 팀워크를 배울 수 있다. 이처럼 자신의 경험을 통해 사안을 조율하다 보면 비판적 사고력을 향상시킬 수 있다.

 **비판적 사고력 UP!**

**1.** 조별 과제를 하면서 어려웠던 점은 무엇인가?

**2.** 조별 과제를 잘할 수 있는 방법은 무엇인가?

**3.** 조별 과제를 하며 도움이 되었던 부분은 무엇인가?

나의 경험에 빗대어 생각해보자.

# 잘하면 상을 주고 잘못하면 벌을 준다

상벌점제는 학생을 칭찬할 일이 있을 때는 상점을 주고, 잘못했을 때 벌점을 주는 제도이다. 학교 생활 규정을 모범적으로 준수하는 학생이나 봉사 및 선행 활동이 돋보이는 학생에게는 상점을 주고 누계로 표창을 하기도 한다. 이는 학생들의 바람직한 행동을 유도하고자 시행된다. 벌점제는 학교 생활규정을 위반하는 학생에게 벌점을 부과하고 단계별로 선도 교육을 실시하여 스스로 자신의 행동에 책임을 지도록 한다. 학생 스스로 상벌점제의 내용을 인지하여 체벌 없이도 자율적으로 교칙 위반에 대해 관리할 수 있다는 장점이 있다. 징계 처리를 하기 전 학생을 관리할 수 있어 유용하다. 하지만 상벌점제에 대한 의견은 각 교육 주체별로 다르다. 학생들은 일반적으로 상벌점제에 대해 부정적이다. 자주 벌점제에 노출되는 학생은 더욱 강한 반발심을 갖게 된다. 학부모들은 상황에 맞게 상벌점제를 활용해야 한다는 입장이지만 벌점이 쌓여 방과 후 선도를 받으면 불쾌해한다. 교육의 효과보다 낙인의 부정적인 면을 생각하는 것이다. 교사들은 상벌점제가 학생을 지도할 수 있는 유일한 수단이라며 유지를 원하는 의견이 많다.

상벌점제는 학생 스스로 상벌의 내용을 인지하여 자율적으로 규칙을 지킬 수 있어서 좋다. 징계 처리 전에 처벌이 아닌 선도 중심의 교육이 가능하여 유익하다. 학생에게 교칙 위반에 대해 일률적인 기준을 제시하며 신뢰감을 기반으로 제도를 운영한다는 점도 긍정적인 측면이다. 하지만 이와 반대로 실제 학생들의 행동에 효과를 주는지 알 수 없다는 의견도 있다. 벌점을 없애기 위해서 억지로 보이기 식의 상점을 받는 학생들도 있어 진정한 효과를 알 수 없다는 것이다. '학생의 인성을 점수화하여 평가하는 것이 과연 진정한 인성 교육인가'에 대한 고찰이 필요하다. 이에 대한 대안으로 회복적 생활 교육이나 성장 교실이 제시되긴 하지만 학교 현장에서 유용하게 활용되지 못하고 있다. 참여자들이 교육 효과에 대한 흥미나 동기부여가 낮고 실제 적용하기에 어려움이 있기 때문이다. 체계적인 운영 방식을 갖추지 못하거나 지속적인 지원 부족으로 프로그램의 효과가 미미하기도 하다. 참여자들의 상호 작용이 부족하고 성과를 측정하거나 정확하게 파악하기도 어렵다. 이런 이유로 상벌점제는 여전히 학교에서 많이 쓰이고 있다. 그러나 상과 벌로 학생을 다스리기보다 진정한 교육 공동체로서 서약을 하고 스스로 교칙을 지켜나가는 분위기를 만들기 위한 더 좋은 방안이 필요한 상황인 것은 분명해 보인다.

## 📖💡 어떻게 생각할 것인가

상벌점제를 다루면서 찬성과 반대의 의견을 조사해보고 자신의 입장을 정해서 주장을 펼쳐보면 어떤 의견에 더 힘이 실릴지 판단하는 데 도움이 된다. 찬반 토론은 다양성과 다의성을 높여준다. 다양한 의견과 관점을 접하면서 세상을 바라보는 넓은 시야를 가질 수 있다. 또한 논리적 사고력을 증진한다. 자신의 주장을 논리적으로 펼쳐나가고 상대방의 의견에 반박하면서 자연스럽게 논리력이 길러지기 때문이다. 자신의 의견을 정확하게 전달하고 상대방 의견을 정리하면서 의사소통 능력을 기를 수 있고, 사회적으로 이슈가 되는 논제에 대해 토론하면서 사회 문제에 깊이 있게 관심 가질 수 있다.

그러나 찬반 토론이 제대로 운영되지 못하고 과열되면 문제가 생긴다. 감정적으로 토론이 진행되면 대화의 목적에서 벗어나 갈등이 증폭될 수 있다. 편향된 정보로 자신의 주장을 뒷받침하면 잘못된 결론으로 이어질 수 있고, 자기의 관점을 강화하기 위해 관련된 자료만 찾아보고 주장하면서 확증 편향(이미 가지고 있는 의견이나 신념을 강화하려는 경향)에 빠질 수 있다. 답이 있는 토론이 아니기에 오랜 시간 동안 토론이 반복되다 보면 의사 결정을 내리는 데 오히려 방해가 되기도 한다. 이러한 찬반 토론의 장단점을 보완하여 상벌점제에 대해 스스로의 생각을 정리해보면 좋겠다.

상벌점제는 학생이 스스로 행동을 조절하는 것에 목적을 두고 있지만, 실제적으로는 학교의 교칙에 맞춰 행동해야 하는 어려움이 있다. 자신이 생각할 때 부당하고 과한 조항이라도 따라야 한다는 것이다. 즐거워야 할 학교생활에서까지 점수를 따고 깎이지 않게 노력한다는 점이 비교육적이고 반인권적이기도 하다. 반대로 생각해보면 학생들이 교칙을 어겼을 때 반성문을 쓰거나 처벌을 받던 것에서 업그레이드된 제도다. 학생들이 교칙에 맞으면서도 상을 받을 수 있는 조항을 스스로 생각해서 행동한다는 점은 능동적인 태도를 길러준다. 조항을 살펴보고 행동하니 적극적이고 긍정적인 행동 패턴이 생긴다. 책임감을 갖고 행동하게 되어 학생 성장에 도움이 된다. 스스로 자신의 행동을 통제하기 어려운 청소년들에게 자신을 컨트롤할 수 있는 기회가 된다는 장점도 있다. 이처럼 한 가지 상벌점제에 대한 찬반 토론은 전혀 다른 견해를 내놓는다. 이를 꼼꼼히 살펴보고 주장에 맞는 근거를 찾다 보면 비판적인 사고력도 자연스럽게 길러질 것이다.

 ## 비판적 사고력 UP!

**1.** 상벌점제의 장점과 단점은 무엇인가?

**2.** 상벌점제의 찬반 토론 근거를 읽고 동의할 수 없는 점이 있다면 무엇인가?

**3.** 상벌점제의 대안으로 제시할 수 있는 것은 무엇인가?

## 08 토론식 수업은 어려워

토론은 의견을 교환하고 서로 다른 생각에 대해 이해하며 힘을 합쳐 문제를 해결해 나가는 역할을 한다. 다양한 주제를 가지고 토론을 하면 다양성을 이해하고 세상에 대한 폭넓은 시각을 갖게 된다. 서로 다른 배경이나 경험을 가진 사람을 수용하며 창의성이 풍부한 아이디어까지 이끌어낼 수 있다. 이는 비판적 사고를 강화하고 논리적으로 생각하도록 돕는다. 자신의 주장을 논리 있게 내세울 수 있다. 타인의 주장에 대해 비판적으로 분석하며 합리적으로 논쟁하는 것을 배운다. 소통하는 기술도 향상시킨다. 논리적이고 설득력 있는 말하기를 통해 자신의 의견을 정확하게 전달할 수 있다. 그룹 내의 토론은 팀워크를 강화한다. 공동의 목표를 달성하기 위해 힘을 합치는 데 도움이 된다. 사회적 문제에 대한 이해도를 높인다. 한 가지 관점이 아닌 여러 방면의 의견을 듣고 조율하면서 사회적 문제에 대한 다양한 개선책을 생각해볼 수 있다. 이러한 토론은 민주주의의 핵심 원칙으로 다양한 의견의 자유를 존중하는 방법이다.

이러한 토론의 이점에도 불구하고 건강한 토론을 어려워하는 경우가 많아 학교에서 수업을 통해 토론을 가르쳐야 한다는 주장이 많다. 학생들이 토론의 장점을 익혀가며 토론의 기술을 배우면 사회생활에서도 건강한 토론이 활발하게 이뤄질 수 있기 때문이다. 하지만 학교에서 토론식 수업은 형식적으로 이뤄지는 것이 사실이다. 토론할 수 있는 여건과 시간이 확보되지 않은데다 어떻게 하면 학생들이 제대로 된 토론을 할 수 있는지를 배우지 못했기 때문이다. 지금이라도 체계화된 토론식 교육 과정이 필요하다. 단지 주제만 던져주고 토론을 해보라고만 할 일이 아니다. 토론을 제대로 하기 위해 필요한 요소들을 교육하고 제대로 된 토론을 함께 배우며 익혀야 한다. 토론의 목표를 설정하고 함께 주제를 선택한 다음 교재 및 자료를 수집한다. 기본적인 토론 기술을 알려주고 규칙과 프로세스를 설명하며 토론을 시작한다. 팀 토론도 좋고 개인 토론도 괜찮다. 토론 수업을 한 다음 피드백을 통해 토론 기술을 향상시키고 전체적인 개선점을 찾는 과정으로 운영하면 된다.

학생들의 적극적인 참여가 토론에서 가장 중요한 요소인 만큼 아이들이 자신의 의견을 내는 데 두려움이 없어야 한다. 그러기 위해선 무슨 말을 하더라도 비난받지 않는 안전한 분위기가 마련되어야 한다. 강제적으로 의견을 내는 주제보다는 학생이라면 누구나 쉽게 자신의 의견을 말할 수 있는 소재를 선택하는 것도 좋다. 학생들이 흥미 있어 하거나 자주 생각할 수 있는 환경에 대한 토론부터 가볍게 시작하는 것이다. 예를 들어, 학교 내 휴대전화 사용 규제에 대한 내용이나 교과서 대신 전자책 사용, 학교 규칙이나 평가 방식의 변화, 학교에서의 환경 보호 활동 등의 주제들이다. 올바른 토론의 예시를 적용해보면서 익숙한 주제에 대해 토론하다 보면 학생들도 토론을 어렵게만 여기지 않을 것이다. 주입식 교육보다 훨씬 많은 것을 배우고 생각할 수 있게 민드는 토론식 수업 과성이 성식으로 학교에 도입되기를 희망해본다.

## 어떻게 생각할 것인가

우리는 토론에 대해 어렵다는 선입견을 갖고 있다. 도대체 어떻게 하는 것이 제대로 된 토론인지를 접해본 경험도 적다. 올바른 토론에 대해 연습하기 위해서는 토론의 과정을 상세하게 살펴보는 것이 필요하다. 그 과정마다 논리적인 근거와 주장으로 주제에 접근할 수 있을 때 제대로 된 토론을 할 수 있기 때문이다.

토론은 주제를 선정하는 것부터 시작한다. 어떤 주제를 선정하는 것이 좋을까? 흥미 있고 쉽게 접할 수 있는 문제여서 관련 자료가 많은 것이 좋다. 명확하고 구체적으로 정의하면 자료를 찾기가 훨씬 쉬워진다. 다음으로 토론의 팀을 구성한다. 찬반 토론을 할 수 있는 주제라면 어떻게 역할을 분배하고 책임을 나눌지를 생각해 팀을 나눈다. 자신의 역할에 따라 자료를 조사하고 수집한다. 토론의 근거가 되는 자료는 많을수록 좋지만 정확한 자료로만 수집해야 한다. 의견보다는 사실에 근거한 자료와 출처가 분명한 자료를 모으는 것이 좋다. 각 팀은 자신의 입장을 설명하고 근거를 제시한다. 각자의 입장을 내놓으면서 토론이 진행된다.

각 팀원은 서로에게 질문을 받고 던진다. 질문은 더 깊이 있게 자신의 입장을 정리하고 설명하는 데 도움이 되며 상대방에게도 주장할 수 있는 기회를 마련한다. 팀 간 논쟁을 통해 서로의 주장을 비판하고 반박한다. 이는 토론의 핵심 과정이다. 이때 서로 감정적으로 공격하거나 정확하지 않은 근거로 고집을 부리지 않도록 조심한다. 상대 팀의 주장에 대해 논리적이고 설득력 있는 주장을 펼치며 토론의 결과를 향해 나아간다. 각 팀은 자신의 입장에 대해서 강조하고 주요 포인트를 정리한다. 마지막 의견을 정리하며 토론을 마무리한다. 답을 정해야 하는 토론도 있지만 대화가 오가는 과정에서 나눴던 의견이나 근거들이 모두 중요한 토론도 있다. 이렇게 다양한 토론의 과제에 따라 결론의 방식을 정하며 마무리하면 된다. 이런 일련의 과정을 반복해서 연습하다 보면 토론의 기술을 통해 비판적이고 논리적으로 자신의 주장을 펼칠 수 있을 것이다.

##  비판적 사고력 UP!

1. 토론할 주제를 선정하고 입장을 정해보자.
2. 주장을 뒷받침할 근거를 모아 주장하는 글을 써보자.
3. 위와 같은 주장과 반대의 입장에서 자료를 모으고
   주장하는 글을 써본 후 나만의 결론을 정리해보자.

# 09 대학에 꼭 가야 하는 걸까?

'대학에 꼭 가야 할까?'라는 의문을 가진 학생과 학부모가 늘고 있다. 대학 등록금은 2022년 기준 평균 연간 674만 원이다. 국립 대학 평균이 423만 원이지만 사립 대학은 752만 원이다. 이렇게 부담스러운 비용을 지불하고 대학을 졸업해도 취업은 여전히 하늘의 별 따기다. 2021년 기준 대졸 취업률은 67.7%이다. 취업한 사람 가운데서 그 결과가 만족스러운 사람은 또 얼마나 될까. 취업만 바라보고 대학에 과비용을 지출하면서 다녀야 할 이유가 있는지 생각해봐야 한다.

대학 학위는 왜 중요할까? 대학 학위는 특정 분야에 대한 깊은 이해와 전문 지식이 있다는 것을 증명한다. 학위를 소지한 사람이 소지하지 않은 경우에 비해 높은 수입을 얻을 가능성이 많다. 대학 학위는 직업으로의 진출 기회를 확장한다. 대졸 취업률이 낮다고 해도 2023년 20대 취업률이 63.2%인 점을 감안하면 비대학 학위자보다 높다고 볼 수 있다. 대학 학위는 일종의 사회적 승인이다. 많은 직업에서 학위 소지와 자격증 여부가 중요하게 고려되는 만큼 학위가 사회적으로 전문가로 인정받는 데 도움을 준다. 또 국제적으로 경쟁이 치열한 현대 사회에서 인정받는 자격증 중 하나가 대학 학위라는 점도 무시할 수 없다. 대학이 학문적인 교육뿐 아니라 인간적으로나 사회적으로 중요한 경험을 제공하고 다양한 문화와 관점을 경험하게 한다는 점 또한 대학의 가치를 높이는 이유다.

반대로 대학 학위의 불필요성에 대한 주장도 있다. 대학 학위를 취득하는 데 너무 많은 비용이 들어간다. 학비뿐 아니라 생활비, 교재비 등이 필요하며 이는 경제적 부담으로 작용한다. 차라리 그 비용과 시간을 아껴 실무 경험을 쌓는 것이 유리한 경우도 있다. 대학 학위보다 실무 경험을 중요하게 생각하는 분야도 많다. 산업의 변화로 인해 전통적 학위보다는 실무 경험과 기술적인 능력을 더 중요시하기도 한다. 예술이나 창작, 정보 기술 분야는 프로젝트 참여나 포트폴리오 작성 경험, 인턴십을 통한 경험을 학위보다 더 가치 있게 인정해주기도 한다. 굳이 대학 학위가 아니더라도 온라인 강좌나 자격증 취득을 통해 필요한 기술을 익힐 수도 있다. 대학 학위 없이 자영업이나 창업가로서 성장하는 경우도 많다. 개인의 성향에 따라 경험을 통해 배우는 것이 더 맞는 사람은 굳이 대학 학위가 필요하지 않을 수도 있다.

모두가 대학에 가는 시대이지만 실제적으로 학위보다 더 중요한 기술을 통해 실력을 쌓을 수 있는 산업의 변화 앞에서 대학 학위의 입지가 흔들리고 있다.

## 📖 어떻게 생각할 것인가

대학 학위가 필요하다는 주장과 그렇지 않다는 주장 앞에서 우리는 어떤 판단을 해야 할까? 대학 학위가 필요한 경우와 그렇지 않아도 되는 경우를 살펴보고 나의 진로와 연결해서 생각할 필요가 있다. 아무리 사회적으로 중요하고 이슈가 되는 문제라고 해도 나와 연관이 없다면 실질적으로 문제가 와닿지 않는다. 대학 학위 문제를 나의 진로나 삶에 연결시켜 생각해보면 조금 더 깊이 있고 진중한 접근이 가능하다.

의사나 변호사 공학자 등 전문적인 학위가 있어야 직업적 완성이 이뤄지는 경우에는 관련 대학에 가야 한다. 학문적인 지식이 필요한 연구원이나 교수, 의학 분야도 마찬가지다. 학문적인 전문성과 그 안에서 이뤄내는 자기계발이 목적이라면 학위가 필요할 것이다. 또한 경쟁에서 우위를 차지하기 위해 대학 학위를 활용하고 싶다면 좋은 대학에 가는 것이 도움이 된다.

반대의 경우도 있다. 실무 경험을 중요시하는 분야에서 일하고 싶다면 대학의 필요성이 줄어든다. 창업을 하거나 자기 사업 아이템이 확실한 경우도 마찬가지다. 대학을 중퇴하거나 아예 가지 않아도 얼마든지 가능한 일이다. 특정 자격증이나 인증, 기술 습득을 통해 할 수 있는 일이라면 굳이 대학에 가지 않아도 된다. 대학 학비와 생활비가 부담스러운 경우도 있다. 경제적인 이유로 대학을 택하지 않고 실전에서 기술이나 경험을 익혀야 한다면 대학은 차선책이 될 것이다.

다음으로는 나의 진로 방향을 고민해보자. 나에게 대학은 어떤 의미인가? 내 꿈이 의사라면 대학 학위가 반드시 필요할 것이다. 하지만 예술가라서 작품으로 커리어를 쌓을 수 있다면 굳이 대학에 가지 않아도 된다. 이렇게 생각해보면 훨씬 더 주제가 직접적으로 다가온다. 대학 학위의 필요성에 대해서 고민할 때 자신의 입장을 깊이 있게 생각해본다면 문제를 정리할 때 도움이 된다. 이처럼 비판적 사고력을 기르는 것은 실제적인 내 삶의 문제를 다룰 때도 유용하다. 실질적인 문제에서 다양한 경우의 수를 생각해 판단할 때 비판적 사고력과 더불어 생활의 결정력도 높아질 수밖에 없다.

 **비판적 사고력 UP!**

1. 대학에 반드시 가야만 하는 경우를 찾아 적어보자.
2. 학위가 없어도 설정 가능한 진로의 예를 생각해보자.
3. 자신의 진로 방향을 탐색해보고,
   학위가 진로에 미칠 영향에 대해 정리해보자.

학생들의 개성과 창의력이 중요한 시대다. 학교에서 진행되는 강의식 수업만으로는 학생들의 다양한 욕구를 채울 수 없다. 좀 더 다양한 방식의 수업이 필요해 보인다. 강의식 수업은 교사가 강당이나 교실에서 학생들에게 일방적으로 지식을 전달하는 방식이다. 교사는 주로 개념을 강의로 설명하고 학생들은 강의 내용을 듣고 필기한다. 이런 방식은 학생들의 다양한 욕구를 채워주지 못한다.

앞서 살펴봤던 토론 기반 수업을 접목하는 것도 좋은 방법이다. 학생들이 한 가지 주제에 대해 의견을 나누고 토론하며 서로의 의견에 대해 논쟁을 하고 교사는 토론을 촉진하는 방향으로 지도해 나간다. 문제 중심 학습도 있다. 학생들이 현재 처해 있는 문제를 해결하는 방식을 찾아보며 교육하는 방식이다. 특정 주제나 문제에 대해 해결책을 찾는 과정에서 지식을 습득하고 그 과정에서 배움이 일어난다. 학생들이 그 주제에 대해 프로젝트를 기획하고 수행하는 프로젝트 기반 학습도 있다. 프로젝트를 통해 문제 해결 능력과 협업, 창의력을 개발하게 된다. 그룹을 이루어 한 가지 문제를 해결하는 협력적 학습으로 의사소통 능력을 기르기도 한다.

교육 게임이나 시뮬레이션을 통해 학습을 촉진하는 게임 기반 학습도 있다. 게임은 학생들에게 흥미와 동기를 유발하기에 활용하기 좋은 도구이다. 스마트보드나 태블릿, 컴퓨터 등을 활용해 학생의 참여를 촉진하는 인터렉티브 기술 활용 수업도 있다. 교사와 학생 간의 상호 작용이 활발히 이루어지며 다양한 학습 자료에 접근할 수 있다. 수업 시간에 실습이나 토론에 집중하고 강의 내용은 온라인이나 동영상 자료를 통해 자기 주도적으로 학습하는 플립 러닝 기반 학습도 있다.

지금 교실에서는 이런 다양한 방식의 수업이 조금씩 시도되고는 있지만,

학생들의 요구도가 높은 만큼 수업 방식의 다양화는 더 확장되어야 할 것이다. 수업 방식의 장단점을 살려 병행할 때 더 쉽게 교육 목표를 달성할 수 있다.

이런 다양한 수업 방식은 학생들의 참여도를 높인다. 흥미롭게 수업에 참여하며 자신에게 맞는 방식을 찾고 적극성을 높이게 된다. 창의성과 문제 해결 능력이 향상되어 실생활에 직접적으로 도움을 받을 수 있다. 다양한 수업 방식을 통해 협력하고 소통하는 능력이 키워지면서 학생들이 스스로 자료를 검색하고 문제를 해결하며 평생 학습에 필요한 능력을 기를 수 있다. 현대 사회에 꼭 필요한 능력이다.

학생들의 다양한 수업 목표에 따라 적절한 방법을 대입함으로써 학생 맞춤형 수업으로 나아가야 한다. 이는 학생 자신의 능력과 관심에 맞는 학습으로 이어져 개인 성장에 도움이 된다. 각 수업의 주제와 학생의 특성에 따라 여러 가지 방식을 수업에 적응할 때 교육의 효과를 더 높일 수 있다.

## 📖💡 어떻게 생각할 것인가

다양한 수업 방식에 대해 소개하는 글을 비판적으로 읽기 위해서는 분석하는 능력이 필요하다. 특히 이 주제와 같이 개인 경험에 기반해 분석하는 것은 매우 중요하다. 방법을 조금 더 쉽게 이해하고 적용하는 데 용이하기 때문이다. 어려우면 하기 싫은 게 사람 마음이다. 그러니 조금 더 쉽게 내 경험을 살려 비판적으로 생각해보자.

오늘 학교 수업에서는 어떤 방식의 다양한 수업이 이뤄졌는지 분석해보자. 1교시부터 시간표를 적고 내가 받은 수업이 어떤 방식인지 생각해보는 것이다. 강의식 수업이나 프로젝트 수업이 함께 이뤄졌다면 거기서 얻은 이점에 대해 써보자. 어떤 점이 좋았는지 혹은 개선할 점은 무엇인지 분석해본다. 정답은 없다. 내가 생각한 것이 바로 정답이라는 자신감을 갖자. 개인적 경험을 분석하는 것은 정답을 찾는 과정이 아니다. 수업의 다양한 방식에서 정해진 정답이 있는 것도 아니다. 그러므로 내가 느낀 바를 그대로 적어서 분석해도 된다. 이처럼 일과를 모두 정리하면서 수업을 분석해보자. 며칠 동안 반복해서 해보면 수업의 패턴이 보일 것이다. 내 수업에서 가장 많이 쓰이는 방법을 알 수 있고 방식의 다양성에 대해서도 생각해볼 수 있다. 또 그 방식에서 느꼈던 점들이 변화한다는 것을 느끼게 될 것이다. 내가 그 수업의 장점과 단점을 생각해보면 그다음 수업에서 그것을 극복하고자 다른 방식을 도입하려고 노력하게 된다. 다른 때는 아무 생각이 없었겠지만 이번 수업 분석 프로젝트를 통해서 그런 마음이 생겨날 것이다. 분석을 해야 하니까 말이다.

이처럼 목적을 가지고 수업을 분석하다 보면 수업이 더 잘 보이고 해결책과 보완점도 생각하기 쉽다. 이것이 바로 비판적 사고 연습을 하는 가장 큰 이유이다. 지금 현 상태의 내 모습을 살펴보고 거기서 조금 더 나아지기 위한 분석이 일어나면 성장할 수밖에 없다. 그러니 성실하게 나의 경험을 분석해보는 기회를 자주 가져보자. 조금씩 자신의 생활이 변화하는 것을 느낄 수 있게 될 것이다.

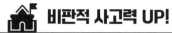 **비판적 사고력 UP!**

**1.** 내가 참여하고 있는 시간별로 수업 방식을 분류해보자.

**2.** 방식별로 좋았던 점과 부족한 점을 정리해보자.

**3.** 각 수업 방식의 부족한 점을 보완하기 위해
    내가 할 수 있는 것은 무엇일까?

# Chapter 2

# 문화

# 소셜 네트워크 서비스, 10대를 사로잡다

처음 인터넷이 만들어진 1990년에는 온라인 포럼과 블로그가 사람들 사이 의견과 정보를 공유하는 수단이었다. 개인이나 소수의 인물이 자신의 생각과 경험을 기록하고 다른 이들과 소통하는 방법을 취했다. 2000년대 초반 소셜 네크워크 서비스가 등장하면서 온라인 소통의 흐름이 확장되었다. 사용자들이 자신의 프로필을 만들고 친구 및 비즈니스 네트워크를 하면서 서로 연결되기 시작했다. 2005년에는 유튜브가 등장하면서 동영상 업로드와 공유가 손쉬워졌다. 트위터의 등장으로 짧은 텍스트 기반의 메시지를 실시간으로 공유하고, 페이스북이 확장되면서 글로벌 사용자 간의 소통이 확장되었다. 2010년에는 사진과 비디오를 공유하는 인스타그램이 등장하면서 10대에게도 소셜 네트워크 서비스가 본격적인 관심을 받기 시작했다. 2018년에는 짧은 동영상과 콘텐츠가 틱톡으로 빠르게 퍼져나가면서 창의적인 콘텐츠 제작에 10대들의 참여가 더 많아지게 되었다.

이제는 소셜 네크워크 서비스를 빼고 10대의 삶을 생각하기 어려울 정도이다. 온라인에서 친구들과 손쉽게 이슈를 공유한다. 챌린지 등을 통해 유행에 쉽게 편승하고 주체적으로 만들어도 한다. 누구나 아이디어만 있으면 소셜 네트워크에서 스타가 될 수 있다고 믿는다. 소셜 네트워크는 10대의 생활에 깊이 흡수되었고 영향력 또한 막강하다. 그렇다면 소셜 네트워크 서비스 사용이 10대에게 어떤 영향을 주고 있을까?

소셜 네트워크는 10대에게 소통과 연결의 도구이다. 친구들과 소통하고 연결하는 가장 손쉬운 수단이다. 가끔 온라인으로 하는 소통에 오해가 생기기도 하지만 그것 또한 익숙하게 온라인에서 풀어버린다. 자신의 취향과 관심사를 표현하는 도구로 활용되며 다양한 정보를 얻을 수 있고, 학습 및 교육에 필요한 소스를 쉽게 얻도록 도와준다. 다양한 의견과 경험도 손쉽게 나눌 수 있다. 그 과정에서 비교와 평가에 민감해지기도 하지만 그 걱정을 이겨낼 만큼 10대에게 매력적인 도구로 떠올랐다. 그러나 걱정되는 점도 많다. 개인 정보를 부주의하게 다루거나 사생활을 과하게 공개할 우려가 있다. 외모나 인기, 성공 등에 대한 비교와 경쟁이 생길 수 있으며 자아 존중감을 낮추기도 한다. 사이버 괴롭힘과 혐오 발언의 위험이 존재하며 학업이나 중요한 일을 하지 못하고 시간 낭비를 할 우려가 있다. 하지만 이러한 문제점들에도 불구하고 10대들에게 소셜 네트워크 서비스는 떼려야 뗄 수 없는 중요한 존재를 차지한다.

## 💡 어떻게 생각할 것인가

소셜 네트워크를 사용하다 보면 한 가지 관점에 매몰될 가능성이 생긴다. 그것을 '확증 편향'이라고 한다. 개인이나 집단이 특정한 신념이나 가설 또는 선입견을 가지고 있을 때 그에 부합한 정보만 받아들이려는 인지적 경향을 말한다. 새로운 정보를 받아들일 때 이미 자신이 가진 신념과 일치하는 정보는 선호하고 반대되는 정보는 무시하거나 거부하는 특징이다. 소셜 네트워크는 의견이 비슷한 사람들이 연결되어 힘을 발휘하게 되면서 이런 문제를 가속화한다. 예를 들어, 특정 정치적 입장에 편향된 친구와 연결되면 더 빠른 속도로 관계된 사람들과 확장되어 연결될 수 있다는 문제가 있다. 이를 비판적인 관점에서 생각해보기 위해서는 나의 경향성을 분석해볼 필요가 있다.

내가 좋아하는 소셜 네트워크 서비스는 무엇인가? 많은 플랫폼 중에서도 그것을 선호하는 이유는 무엇인지 생각해보자. 특별히 틱톡의 영상을 좋아한다면 왜 하필 틱톡인지 생각해보자. 단순히 재미있어서라고 생각할 수 있다. 그게 이유라면 무엇 때문에 재미있는지를 판단해본다. 그동안 내가 봐왔던 틱톡 영상의 흐름을 살펴보면 이를 알 수 있다. 유행에 따라 제일 핫한 영상 위주로 소비를 했다면 유행을 좇고 흐름에 뒤처지지 않고 싶은 나의 욕망을 알아차릴 수 있다. 특정 유형의 영상만을 골라서 본다면 나의 관심사를 알아보는 기회도 된다. 또 어떤 사안에 대해서 한쪽으로 치우친 판단만을 소비하고 있는지도 모른다. 그렇다면 그 방향으로 조금씩 확증 편향이 생기고 있다고 판단할 수 있다. 이처럼 아무 생각 없이 소셜 네트워크 서비스를 소비하는 것이 아니라 나의 패턴을 파악하는 것이 중요하다. 이러한 생각들이 비판적 사고를 방해하고 정보 필터링을 통해 한쪽 방향만 제시하는 소셜 네트워크 서비스의 단점을 보완해준다. 검색 알고리즘이 사용자의 클릭 기록을 통해 이미 선호하는 정보만을 제공한다는 것도 알게 된다. 나에게 치우친 정보는 무엇인지 알게 되고 이질적인 집단의 의견에도 귀를 기울일 수 있게 만들어준다. 이런 과정을 통해 자신의 사용 패턴을 분석하고 판단하여 더 합리적으로 소셜 네트워크 서비스를 활용할 수 있도록 돕는다.

 비판적 사고력 UP!

1. 내가 주로 사용하는 소셜 네트워크 서비스의 종류와 이유는 무엇인가?
2. 내가 주로 소비하는 영상의 특징을 살펴보고
   어떤 욕구가 투영되어 있는지 정리해보자.
3. 내가 편향되어 있는 사고는 무엇이며 어떻게 바로잡을 수 있을까?

2023년 교육부와 한국직업능력연구원이 조사한 '10대의 희망 직업 조사'에서 중학생 10명 중 4명은 희망 직업이 없는 것으로 나타났다. 초등학생은 20.7%, 고등학생은 25.5%가 꿈이 없다고 밝혔다. 희망 직업이 없다고 응답한 학생들에게 이유도 물어봤다. '내가 무엇을 좋아하는지 아직 잘 모른다'는 대답이 가장 많았다. '내가 잘하는 것과 못하는 것을 모른다'거나 '어떤 종류의 직업이 있는지 모른다'는 응답도 있었다. '내 관심 진로 분야를 좁혀 나가는 것이 힘들고 직업을 가져야 하는 필요성을 느끼지 못한다'는 응답도 있었다. '미래 직업 변화를 예측하기 어려워서'라는 현실적인 이유도 있었다. 흥미와 적성, 직업에 대한 부모와의 대화는 초등 때보다 중고등 때 더 많이 하는 것으로 나타났다. 초등학생은 주 2~3회, 중고등학생은 주 1회 정도 대화를 나눈다는 아이들이 많았다.

희망 직업을 선택한 아이들 중에는 어떤 직업이 가장 많았을까? 초등학생의 희망 직업 1위는 운동선수로 나타났다. 운동선수는 2019년부터 초등학생 희망 직업에서 최상위를 차지하고 있다. 2위는 의사, 3위는 교사였다. 4위가 창작가였고 요리사와 가수, 경찰관과 법률 전문가가 순위를 이었다. 중학생의 희망 직업 1위는 교사였다. 의사와 운동선수, 경찰관과 컴퓨터 공학자, 군인, 최고경영자와 배우나 모델, 요리사와 시각 디자이너 순으로 희망 직업이 나타났다. 고등학생은 1위가 교사, 2위가 간호사였다. 생명 과학자 및 연구원이나 컴퓨터 공학자, 의사, 경찰관, 뷰티 디자이너, 보건·의료 분야 종사자나 최고경영자도 순위에 이름을 올렸다.

기존에 인기 있었던 공무원은 희망 직업 10위 안에 나타나지 않았다. 신산업 분야인 입체 프린팅 전문가나 로봇 공학자, 빅데이터 통계 분석 전문가, 생명 과학자, 웹 개발 및 운영자, 전기 전자 공학자, 정보 통신 공학자,

컴퓨터 모바일 게임 개발자 등이 대폭 늘어났다. 컴퓨터 공학자나 소프트웨어 개발자, 항공 우주 공학자 등 신산업 분야 전문가를 꿈꾸는 학생은 중학생의 경우 10년 전보다 1.5배나 증가했으며 고등학생은 3배 증가했다.

아이돌이 꿈인 10대도 주변에서 흔히 만나볼 수 있다. 대중음악 산업이 크게 발전하면서 아이돌 그룹의 인기가 높아지며 초중학생 중에 한번은 아이돌을 꿈꿔본 친구들이 늘어나고 있다. 아이돌은 유명하고 돈을 많이 벌며 팬들의 사랑을 받는다. 화려해 보이는 아이돌을 보며 자신의 적성과 흥미와 관계없이 한번쯤 꿈을 꾸거나 도전하는 친구들도 적지 않다.

직업을 선택할 때 소득 수준을 중요하게 생각한다는 답변도 크게 늘었다. 직업 선택 이유에서 "돈을 많이 벌 것 같아서"라는 응답이 크게 늘었고, "내가 좋아하는 일이라서"라는 응답이 여전히 1위를 차지했다. 조사 결과를 통해 아이들이 신산업 분야의 직업을 자주 접하고 선호하게 되었음을 알 수 있었다.

## 📖 어떻게 생각할 것인가

10대의 희망 직업을 표로 나타내보았다. 분석적으로 생각하기 위해서는 자료를 분석할 수 있어야 하기 때문이다. 자료 분석은 데이터를 통한 인사이트를 얻는 데 도움이 된다. 데이터가 가진 패턴이나 경향, 규칙을 찾아내어 정리해보면 의사 결정하기가 쉽다. 트렌드를 파악하는 데도 용이하다. 10대들의 희망 직업을 분석해보면서 10대들의 관심 분야를 분석할 수 있다. 또 데이터를 시각적으로 쉽게 보며 분석하기 때문에 이해력을 증진시키는 데도 도움이 된다.

| | 초등학생 | 중학생 | 고등학생 |
|---|---|---|---|
| 1 | 운동선수 | 교사 | 교사 |
| 2 | 의사 | 의사 | 간호사 |
| 3 | 교사 | 운동선수 | 생명 과학자 및 연구원 |
| 4 | 크리에이터 | 경찰관/수사관 | 컴퓨터 공학자/<br>소프트웨어 개발자 |
| 5 | 요리사/조리사 | 컴퓨터 공학자/<br>소프트웨어 개발자 | 의사 |
| 6 | 가수/성악가 | 군인 | 경찰관/수사관 |
| 7 | 경찰관/수사관 | 최고경영자 | 뷰티 디자이너 |
| 8 | 법률 전문가 | 배우/모델 | 보건 · 의료 분야 기술직 |
| 9 | 제과제빵원 | 교사 | 교사 |
| 10 | 만화가, 웹툰 작가 | 시각 디자이너 | 건축가 |

이 표를 보면서 무엇을 분석할 수 있을까? 희망 직업을 살펴보며 생각을 정리해보자. 초등학생이나 중학생은 희망하지만, 고등학생은 희망하지 않는 직업이 무엇일까? 초등학생의 첫 번째 희망 직업은 운동선수다. 중학교에서는 왜 운동선수라는 희망 직업이 사라졌을까? 아마도 여러 가지 운동을 해보면서 운동선수가 쉽지 않거나 자신이 재능이 없다는 걸 알았기 때문일 것이다. 크리에이터가 사라진 이유도 생각해보자. 크리에이터의 삶이 쉽지 않다는 것을 느꼈기 때문이다. 성장 과정에서 많은 경험을 통해 생각이 확장되며 실제적으로 자신의 적성에 맞고 현실적으로 실현 가능한 희망 직업을 찾아가고 있음을 알 수 있다. 중고등학교로 갈수록 IT나 미래의 흐름과 연관된 직업이 늘어나는 것도 분석해볼 수 있다. 이처럼 표를 분석해보면 비판적인 사고를 기르고 전체적으로 주제를 파악하는 데 도움이 된다.

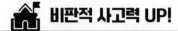 **비판적 사고력 UP!**

1. 희망 직업에 관한 표를 보며 알 수 있는 한 가지 사실을 분석해보자.

2. 10대의 희망 직업을 초중고로 분석해볼 때 학제별로
   다른 차이점은 무엇일까?

3. 나의 희망 직업은 무엇이며 희망 직업이 없다면 이유는 무엇인가?

# 내 속엔 내가 너무도 많아, 부캐 전성시대

부캐란 '부 캐릭터'의 줄임말이다. 부캐는 온라인 게임이나 인터넷 커뮤니티에서 원래 키우던 본 캐릭터나 본래 사용하던 계정 외에 새롭게 만든 존재였다. 예능 프로그램에서 개그맨이 가수로 변신하는 과정에서 '부캐'라는 용어가 사용되며 실생활에 퍼지기 시작했다. 온라인 커뮤니티나 창작 활동에서 부캐는 어떻게 쓰였을까? 웹툰이나 만화에는 주인공이나 주요 캐릭터의 부캐가 존재한다. 주 캐릭터와 다른 모습이나 역할을 하며 이야기를 풍부하게 만들어준다. 소설에서는 부 캐릭터를 통해 주 캐릭터의 심리나 관계, 역할을 다루기도 한다. 애니메이션에서는 캐릭터의 과거나 다른 세계에서 온 캐릭터로 나타난다. 게임에서는 주인공의 부캐가 주요 플레이어 캐릭터로 등장한다. 부캐는 본캐와는 다른 능력이나 전문성을 가진다. 소셜 미디어에서는 사용자가 부캐를 만든다. 프로필 사진이나 닉네임, 개성적인 특징을 가진 가상의 캐릭터로 나타난다. 부캐를 통해 본캐와는 다른 자신의 모습을 펼쳐나가는 것이다.

10대의 일상에서 주로 쓰이는 부캐란 게임과 소셜 미디어에서의 의미가 강하다. 10대에게 부캐는 자아를 발견하고 정체성을 찾아가며 자신에 대해 더 깊이 있게 이해하는 데 도움이 된다. 창의성과 상상력을 자극하고 스트레스를 해소하는 도구로 사용되기도 한다. 부캐를 통해 자신의 스타일과 표현의 한계를 뛰어넘는다. 이렇듯 부캐를 온라인 커뮤니티에서 드러내며 친구를 늘리고 소통을 확장하는 데 활용한다. 자신이 그동안 다루기 힘들었던 주제를 선택하는 도구로도 쓰인다. 감정의 다양성을 표현하기 위해 활용되며 사람들의 관심을 받기 위해 부캐를 만들기도 한다. 청소년들은 자아를 찾고 정체성을 형성하며 자기 표현을 통해 사회적 상호 작용과 친구 관계를 늘려주는 부캐를 십분 활용하여 자신의 강점을 발견하고 목표를 설정하고 개발하는 데 도움을 받을 수 있는 것이다.

　부캐를 만들고 이야기를 상상하는 것은 창의력과 상상력을 높여준다. 부캐를 통해 다양한 세계를 탐험하고 새로운 이야기를 만들어낼 수 있다. 현실에서 어려운 감정이나 이야기를 자유롭게 표현할 수 있다. 부캐는 실제 자신과 다른 특징을 가지기에 자유롭게 감정을 표현하고 해방할 수 있는 수단이 된다. 그러나 부캐를 과도하게 믿거나 현실과 구분하지 못하면 문제가 생길 수 있다. 부캐에 너무 많은 시간과 에너지를 소비하게 되면 현실적인 목표를 무시하거나 소홀히 할 수 있다. 현실에서 중요한 책임과 업무를 소홀히 하게 되면 그에 따른 문제도 생길 수 있다. 현실적인 사회적 관계에 영향을 주고, 부캐에 지나치게 집중하다 보면 가족, 친구, 동료와의 관계에서 소외되거나 관계가 약화될 수 있다. 현실과 부캐의 경계를 잘 살피고 균형을 잡을 때 건강하게 부캐를 활용할 수 있을 것이다.

 **어떻게 생각할 것인가**

청소년들이 다양한 방면에서 활용하는 부캐를 분석하려면 카테고리를 나눠 분리하는 것이 좋다. 부캐의 종류에 따라 분류해보면 부캐의 역할과 의미에 대해 더 깊이 있게 파악할 수 있다.

부캐의 종류에는 평범한 일상 부캐가 있다. 주 캐릭터와 같이 평범한 존재이지만 다른 환경에서 일상을 살아간다. 성격이나 직업, 취향들도 다르다. 이러한 일상 부캐를 통해 자신이 경험하지 못하거나 발현하지 못한 것을 채워나갈 수 있다. 악당 부캐도 있다. 주 캐릭터와 반대로 악당이나 악역을 하는 것이다. 주 캐릭터가 표현하지 못했던 내면의 다른 동기를 표현하면 카타르시스를 느낄 수 있다. 반대되는 성격이나 특성을 부각하는 부캐도 가능하다. 내가 소심하거나 얌전하다면 부캐는 활발하고 적극적인 성향을 가지도록 설정하는 것이다. 반대로 너무 많은 인간관계를 추구하는 외향성의 본캐라면 자신의 욕구에 집중할 수 있는 부캐를 설정하며 다른 욕구를 채워나간다. 성별이나 외모를 완전히 다르게 설정할 수도 있다. 자아 정체성을 탐구하거나 특정 역할을 수행하기 위해 도전해보는 것으로 색다른 시선을 가지게 해준다. 자신이 흥미를 가지고 있는 특정 영역의 부캐를 설정할 수도 있다. 자신이 관심 있는 분야의 부캐를 설정하면 그 분야에 대해 공부할 기회를 얻게 된다. 그러면서 더 깊이 있게 그 분야를 알아갈 수 있는 장점이 있다.

소셜 네트워크를 통해 본캐와 다른 부캐를 얻고자 하는 10대들이 많다. 이들을 목적에 따라 분류하고 생각해보자. 내가 만약 부캐를 만든다면 어떻게 설정할 것인가? 그 과정을 따라가 보면 내가 원하는 것과 부족한 욕구를 발견할 수 있을 것이다.

##  비판적 사고력 UP!

1. 부캐의 카테고리를 정리하며 예시를 찾아보자.
2. 내가 갖고 싶은 부캐의 성격을 규정해보자.
3. 부캐를 살려 활동할 수 있는 것들을 적어보자.

# 전 세계를 사로잡은 K-콘텐츠

K-콘텐츠는 한국에서 제작된 미디어, 엔터테인먼트, 문화 콘텐츠를 가리킨다. 주로 음악이나 드라마, 영화, 웹툰, 게임, 패션 분야에서 한국이 생산하는 콘텐츠가 인기를 얻고 있다. 한국의 문화와 예술을 세계적으로 알리는 한류 열풍은 다양한 국가에서 어떤 반응을 일으키고 있을까?

중국은 한류 열풍이 가장 크게 나타나는 국가다. 한국의 콘텐츠들이 중국에서 인기를 끄는 이유는 비슷한 문화권을 갖고 있기 때문이다. 그래서 중국에서는 한류 스타들이 상당한 팬을 가지고 있다. 같은 문화권인 일본에서는 어떨까? 일본에서는 음악뿐 아니라 패션, 뷰티, 웹툰 등도 인기가 많다. 일본 관객에게 감동을 주는 심리 스토리의 드라마와 영화가 단연 인기다. 다양한 주제와 장르를 다루면서 일본 관객을 끌어모으고, 공통 가치관을 가진 문화에 공감하면서 인기가 높아지는 것이다. 동남아도 마찬가지다. K-팝 그룹과 아티스트의 인기가 높고 자주 열리는 투어 덕분에 인지도는 더욱 높아졌다.

그렇다면 유럽에서는 왜 K-콘텐츠의 인기가 시들할까? 유럽과 한국 간의 언어와 문화 차이가 결정적이다. 다양한 언어와 문화가 공존하는 유럽에서 한 가지 반응을 기대하기는 어렵다. 유럽 각 국가의 독특한 문화와 예술적인 전통을 넘어서지 못하기도 한다. 각 나라마다 자국의 음악이나 영화들이 발전하며 관객을 사로잡고 있기에 K-콘텐츠가 맥을 못 추기도 한다. 소셜 미디어를 통한 홍보도 한계가 있고, 현지 언론이나 미디어들이 적극적으로 다뤄주지 않는 탓에 K-콘텐츠를 알릴 수 있는 기회가 턱없이 부족하다.

아랍어가 주요 사용되고 현지의 독특한 문화를 가진 중동에서도 마찬가지로 K-콘텐츠의 인기가 낮은 편이다. 현지의 음악이나 드라마, 영화들이 다양하고 팬층도 두터운 러시아에서도 마찬가지 결과를 얻고 있다. 아프리

카 국가나 북미에서도 현지의 독자적인 문화 예술과 가치관을 넘어서 진입하기가 쉽지 않은 것으로 보인다.

그렇다면 어떻게 전 세계적으로 K-콘텐츠를 더 부각시키고 홍보할 수 있을까? 나라에 따라 다르게 접근해야 할 것이다. 인기 있는 소셜 미디어 플랫폼을 활용해 매력적인 콘텐츠를 만들어 공유하고 해시태그를 활용하여 관련 그룹에 알린다. 인기 있는 크리에이터, 블로거 혹은 유명 인사들과의 협업을 통한 홍보도 가능하다. 이벤트, 콘테스트를 열거나 인플루언서 마케팅, 온라인 광고를 활용해도 좋다. 구글 애드워즈, 페이스북 등을 이용하여 광고를 게재하는 것도 방법이다. 또 지역의 특성과 선호를 고려하여 홍보 전략을 세울 때 K-콘텐츠의 진출 분야를 넓히기 쉽다. 이를 분석하고 흐름에 반영할 수 있어야 한국 문화의 부흥기를 더 오랫동안 즐길 수 있을 것이다.

 **어떻게 생각할 것인가**

K-콘텐츠의 인기가 나라별로 차이 나는 이유는 무엇일까? 이를 분석하기 위해서는 몇 가지 방법을 활용할 수 있다. 시장 조사를 통한 데이터 분석을 하는 것이다. 왜 중국에서는 특히 K-콘텐츠가 인기 있을까? 중국과 한국의 문화적 공감대 덕분이다. 중국과 한국은 서로 비슷한 역사와 문화를 가지고 있다. 그러니 중국 사람들이 한국 문화를 좋아할 수밖에 없다. 중국의 소셜 미디어 플랫폼과 온라인 커뮤니티의 발달 영향으로 한류 스타와 드라마, 영화, 음악에 대한 소식이 빠르게 공유되기에 쉽게 팬을 모을 수 있다.

특정 나라에서 주로 이슈가 되고 있는 소셜 미디어와 온라인 커뮤니티 접속 내용을 분석해보는 것도 좋다. 그 지역에서 가장 인기 있는 콘텐츠의 유형을 블로그나 팬 커뮤니티를 통해 알아보는 것이다. 중국 사람들이 한국 드라마를 유독 좋아하는데 그건 스토리텔링이 훌륭하기 때문이다. 재미있는 이야기 구성 때문에 중국에서 유독 인기가 많다. 스토리를 좋아하고 이미지를 중시하는 곳에서 인기 있는 콘텐츠는 달라질 수밖에 없다. 이렇듯 지역에서 선호하는 콘텐츠를 분석하다 보면 각 지역의 차이를 조금 더 정확하게 알 수 있다. 미국이나 캐나다에서 K-팝이 인기 있는 이유는 무엇일까? K-팝은 다양한 음악 스타일과 장르를 혼합하는 특성이 있다. 춤과 패션, 뮤직비디오 등이 통합된 종합 퍼포먼스가 특히 미국과 캐나다 청소년들에게 인기 있다. K-콘텐츠의 혼합된 독특함과 사운드, 소셜 미디어를 통해 적극적으로 소통한 점도 인기몰이의 이유이다. BTS가 트위터, 인스타그램, 유튜브 등의 플랫폼을 통해 팬들과 같은 위치에서 자주 친밀하게 소통한 점이 팬들에게 매력적으로 다가간 것이다.

이처럼 나라에 따라 콘텐츠의 인기 요인이 다르다. 이것을 분석하다 보면 나라마다 독특한 역사와 문화, 취향이 존재함을 이해할 수 있다. 이러한 이해를 바탕으로 앞으로의 방향성을 그려볼 수도 있다. 이처럼 분석적인 사고는 미래를 예측하고 준비하는 데도 결정적인 도움을 준다.

 **비판적 사고력 UP!**

1. 같은 콘텐츠인데 나라별로 반응이 다른 사례를 찾아보자.
2. 어떤 특성 때문에 그런 상황이 발생했을까?
3. 나라의 특성에 맞춰 그 콘텐츠를 흥하게 할 수 있는 방법은 무엇인가?

# 만나지 않아도 되는 비대면 사회

비대면 세대란, 비대면으로 소통, 교육, 업무, 쇼핑을 처리하는 세대를 말한다. 디지털 기술과 인터넷의 발전으로 이에 대한 경험이 늘어나면서 소셜미디어나 온라인 쇼핑, 웹 기반 교육, 화상 회의에 익숙하다. 특히 전염병으로 대면이 어려워진 시대를 거치면서 비대면에 익숙해진 것이다. 이들은 다양한 플랫폼으로 소통하고 온라인에서 정보를 검색·공유하는 능력을 가졌다. 온라인 교육과 업무에 대한 적응력을 갖춰 빠르게 변화하는 현대 사회에 잘 적응할 수 있다.

이러한 비대면 세대의 업무는 장소와 시간에 구애받지 않고 수행한다는 장점이 있다. 일하는 사람에게 더 큰 유연성을 제공하며 장거리나 국제 협업도 쉽게 만든다. 실제 모임이나 출장 시 필요한 시간이나 비용이 절감된다. 이동 시간이나 장소 확보, 식사 등 제반 비용이 줄어들면서 전체적인 업무 비용을 아낄 수 있다. 자동화와 디지털 도구로 빠르게 업무를 처리할 수 있으며, 온라인 협업 도구로 소통과 업무 관리를 효율적으로 할 수 있다. 지리적인 제약이 사라지면서 전 세계의 다양한 인재들과 협업할 수 있다. 일하는 환경의 다양성을 확대하고 글로벌 비즈니스를 확장시킬 수 있는 장점이 있다.

물론 단점도 있다. 대면으로 소통하는 것보다 의사소통에 어려움이 생길수 있다. 비언어적인 신호와 분위기가 의사소통의 효과를 높이는데 비대면으로 그 효과가 낮아졌기 때문이다. 이는 오해와 불안을 일으킬 수 있다. 빠르게 의사 결정해야 하는 상황에서 미리 약속하지 않고 진행하기 어려운 비대면 회의는 업무의 효율을 낮추고 팀 협업에 어려움을 가져다줄 수 있다. 인터넷 연결이 불안정하거나 기술적인 문제가 생기면 불편이 초래된다. 업무가 마비되고 진행이 안 되는데 대안도 없다. 대면 업무의 사회적 결속

감이 사라지면서 팀워크를 유지하기 어려운 면도 있다.

하지만 이러한 단점에도 불구하고 장점들이 가진 효율성 때문에 비대면화가 가속화되고 있다. 앞으로 온라인 회의는 더 늘어날 것이다. 문서 공유나 협업을 위한 도구 활용을 통해 실시간으로 문서를 공유하고 협업할 수 있게 되었다. 온라인 메신저를 통한 실시간 대화와 파일 공유, 온라인 플랫폼을 활용한 교육과 훈련도 늘어날 수밖에 없다. 나아가 무인으로 업무 처리를 하는 분야도 많아지고 있다. 인공지능 챗봇이나 자동 응답 시스템을 통해 업무를 처리하는 곳이 많다. 자동화된 결제 시스템이나 로봇 기반 자동화 서비스도 늘어나고 있다. 이렇듯 앞으로 업무나 교육, 소비 등에서 비대면 환경은 더욱 늘어날 것이다. 프로세스를 디지털화하고 효율성을 향상하기 위한 노력을 통해 우리는 세계적인 협업이 가능한 비대면 시대에 돌입했다.

 **어떻게 생각할 것인가**

'비대면 세대'라는 말이 이젠 낯설지 않다. 왜냐하면 우리 생활에서 비대면 활동들이 이미 자연스러워졌기 때문이다. 앞으로도 비대면의 시대가 확장될 거라면 그 흐름에 맞춰야 한다. 새로운 시대 변화에 따라 내 생활도 변화한다. 변화들을 어떻게 내 생활에 접목시킬지 생각해보는 것만으로도 충분히 변화를 따라가는 것이다. 예를 들어, 내 생활에서 비대면이 쓰이는 곳을 생각해보자.

가장 흔히 쓰이는 것이 온라인 수업 참여다. 가상 강의실에서 수업을 듣고 소통하는 것에 이미 익숙할 것이다. 팬데믹이 마무리되면서 다시 대면 수업이 강화되었지만 아직 온라인 수업의 기회는 많다. 어떻게 온라인을 효율적으로 활용하는지에 따라 발전 가능성이 무궁무진하기에 포기할 수 없는 분야이다. 동영상, 강의 노트, 토론 등을 통해 온라인 수업의 효과를 높일 수 있다. 온라인 과제 제출도 익숙하다. 간단한 설문이나 과제를 작성하는 어플을 사용해 과제를 제출하는 것은 학생들 사이에 일반적인 풍경이다. 그룹 프로젝트나 협업을 할 때도 비대면을 활용한다. 협업 도구를 활용하여 효율적으로 팀원들과 소통하고 과제를 완성해 간다. 전자책을 읽는 모습도 익숙하다. 웹툰이나 웹소설뿐 아니라 교과서나 학술 자료도 전자책으로 손쉽게 얻을 수 있다. 온라인 튜터링 서비스를 통해 학습지원도 받는다. 온라인 플랫폼에서 학습 자료와 연습 자료를 받아 활용할 수 있다.

이처럼 나의 생활에도 비대면 활동이 확대되었다. 공부를 하면서 친구와 함께 온라인으로 '스터디윗미'를 하는 광경이 결코 낯설지 않다. 앞으로도 나의 생활과 공부에 비대면 활동은 확대될 것이다. 지금 나의 활용 정도를 알고 확장해서 좋은 점만 취해 활용할 방법에 대해서 고민해보면 좋겠다.

 비판적 사고력 UP!

1. 나의 비대면 활용 활동을 정리해보자.
2. 내가 느끼는 비대면 활동과 대면 활동의 장단점은 무엇인가?
3. 내가 비대면 활동을 늘리고 싶은 분야와 활동은 무엇인가?

# 개인 맞춤형, 퍼스널이 대세다

퍼스널 컬러, 퍼스널 트레이닝, 퍼스널 브랜딩 등 개인의 취향과 스타일에 따른 개인 맞춤형 서비스가 널리 활용되고 있다. 그중 퍼스널 브랜딩은 개인이나 전문가들이 자신의 브랜드를 만들고 관리하는 것을 말한다. 자신의 감정이나 가치관, 경험을 강조하여 자신을 효과적으로 마케팅하는 방법이다. 퍼스널 파이낸스로 개인의 재무 상태를 점검하고 우선순위에 맞춰 목표를 설정하기도 한다. 이는 개인에 따른 예산 관리나 투자 재무의 목표를 설정해주기도 한다. 퍼스널 트레이닝은 개인 트레이너나 코치가 개인에 맞춰 1:1로 훈련 및 코칭 서비스를 제공한다. 개인의 체력이나 건강 상태에 따라 맞춤형 운동을 제공하는 것이다. 퍼스널 스타일링은 개인의 취향이나 체형, 선호하는 스타일에 따라 의류나 액세서리, 뷰티 제품을 추천한다. 대개 스타일리스트가 개인의 독특한 스타일을 찾는 데 도움을 준다. 피부 톤이나 머리색, 눈동자 색을 고려하여 어울리는 색상을 찾아주면 자신의 퍼스널 컬러에 맞게 의류나 메이크업을 선택할 수 있다. 이렇듯 다양한 영역에서 각 개인의 특성과 필요에 따른 맞춤형 경험과 서비스를 제공하거나 찾아내는 것이 인기다.

퍼스널 스타일이 유행하게 된 이유는 무엇일까? 개성과 차별성을 중시하는 시대이기 때문이다. 개인의 스타일과 취향이 존중받고 이를 반영한 삶을 영위하는 분위기 덕분이다. 소셜 미디어의 영향도 무시할 수 없다. 다양한 개인의 스타일, 삶의 방식이 공유됨으로써 개인의 라이프 스타일을 즐기고자 하는 욕구를 한층 강화했다. 다양한 패션 아이템의 출시도 한몫했다. 워낙 다양한 것들이 제시되면서 개인이 선택할 수 있는 폭도 넓어졌다. 많은 선택지 중에서 자신의 취향을 찾고자 하는 욕구가 커진 것이다. 유행이 끊임없이 변화하는 것도 한 가지 이유가 될 수 있다. 앞으로도 개인이 중시되는 사회가 될 것이고 퍼스널 서비스에 대한 욕구는 늘어날 수밖에 없다. 우리도 각자 취향과 스타일에 맞는 라이프 스타일을 찾아가며 나의 욕구를 채워나가고 개인으로서 성장할 수 있다.

퍼스널 서비스는 앞으로 어떻게 변화할까? 인공지능 기술이 발전함에 따라 사용자의 취향과 관심사를 분석한 맞춤형 서비스를 제공할 것이다. 인터넷 기술을 활용하여 개인의 생활 패턴과 습관을 평가하고 이를 기반으로 맞춤형 서비스를 제시하게 될 것이다. 가상 현실과 증강 현실로 맞춤형 헬스케어 서비스를 제공하거나 맞춤형 매장 안내 서비스를 제공하는 곳도 많아질 것이다.

 **어떻게 생각할 것인가**

퍼스널 스타일이 유행이다. 타인의 시선이나 유행을 신경 쓰지 않고 나에게 맞는 스타일과 라이프를 찾고자 하는 것은 분명 고무적인 현상이다. 하지만 이에 아무런 문제는 없을까? 퍼스널 서비스가 퍼지면서 어떤 문제가 있는지 생각해보자.

개인 맞춤이라고 하지만 '퍼스널이 진짜 퍼스널인가' 생각해볼 필요가 있다. 개인에게 맞는 스타일이라고 권했는데 그것이 옆 사람과 비슷할 수도 있다. 즉 퍼스널도 유사한 스타일과 유행을 갖게 된다는 점이다. 시대의 흐름을 따라 비슷해질 수밖에 없다. 예를 들어, 퍼스널 트레이닝이라면 기본 운동 패턴에서 한두 가지만 변형한 정도이다. 각자의 요구에 따라 더 중요시하는 부위만 달라질 뿐 운동법이 개인 맞춤형이기는 쉽지 않다. 약한 부위를 보호하고 강한 부위를 확장하는 운동법은 비슷하다. 이를 퍼스널 트레이닝이라고 할 수 있을까? 몇 가지 유형으로 나눴다고 하는 게 맞을 것이다. 퍼스널 컬러도 마찬가지다. 모든 사람의 유형을 4~8개 유형으로 나눠 틀 안에 넣는다. 이를 어찌 개인 맞춤형이라 부를 수 있을까? 퍼스널이 진짜 퍼스널이 맞는지 비판적으로 생각해볼 부분이다.

퍼스널 서비스 유행은 소비 문화를 부추긴다. 사람들은 새로운 패션 아이템이나 스타일을 따라가려는 경향이 있다. 그래서 개인에게 맞추기 위해 더 많은 재화를 소비하게 된다. 과소비가 발생할 수 있다. 나는 특별하니까 개성을 드러내기 위해 물건을 구입하고 스타일을 정비해야 하기 때문이다. 또 유행에 뒤처지지 않으려는 압박에 의해 비합리적인 소비도 일어날 수 있다. 개인에게 맞춘다는 것이 오히려 유행을 따라가고 과도하게 압박을 준다면 문제가 될 수 있다. 퍼스널 트레이닝을 받거나 퍼스널 관련 상담을 받아야만 시대를 따라가는 듯한 느낌은 오히려 개인을 개별적으로 살지 못하게 한다.

이처럼 퍼스널 시대의 도래에 맞춰 내가 하고 있는 행동이 제대로 된 판단에 의한 것인지 성찰이 필요하다. 이를 통해서 자신이 더 스스로에 대한 존중을 갖고 세상을 살아갈 수 있기 때문이다. 무작정 유행을 받아들이는 것이 아니라 비판적 사고가 필요한 이유이다.

 ## 비판적 사고력 UP!

1. 퍼스널 스타일에 대한 나의 선호도는 얼마나 될까?
2. 퍼스널을 추구하는 내 마음 안의 욕구는 무엇일까?
3. 그 욕구가 나에게 도움이 될까, 오히려 해를 끼칠까?
   이유와 함께 기술해보자.

# 너도나도 인플루언서

인플루언서 전성시대다. 인플루언서란, 현대 사회에서 온라인 플랫폼을 통해 영향력을 행사하는 개인을 말한다. 소셜 미디어가 급성장하고 인터넷이 보편적으로 사용되면서 누구나 자신의 의견이나 생각, 콘텐츠를 공유할 수 있게 되었다. 그러면서 일부 개인들이 대중들에게 큰 영향력을 갖게 되었다. 인플루언서는 다양한 분야와 플랫폼에 존재한다. 의류나 패션 액세서리 트렌드를 제공하는 패션 인플루언서와 일상생활, 여행, 뷰티 등 다양한 주제를 공유하는 라이프 스타일 인플루언서가 있다. 화장, 스킨케어, 미용 등을 다루는 뷰티 인플루언서와 기술과 전자 제품의 지식을 가진 테크 인플루언서도 있다. 게임, 푸드, 힐링 인플루언서도 있다. 이들은 자신의 독특한 콘텐츠와 스타일로 다양한 팬들에게 영향을 준다.

인플루언서가 기존의 광고 모델을 대체하거나 개인적이고 실제적인 경험을 중요시하는 시대 흐름에 맞춰 소비자를 이끌어가는 역할을 하기도 한다. 제품이나 브랜드를 소개하고 홍보한다. 팔로워들은 인플루언서의 추천을 신뢰하고 구매하게 된다. 또 특정 분야나 주제의 트렌드를 이끌어가기도 한다. 올해 유행템이나 패션 트렌드를 알려주는 인플루언서를 통해 유행이 자리잡기도 한다. 트렌드를 제시하고 트렌드를 활용하여 새롭게 변화하도록 돕는 일도 한다. 사회적 문제에 대해 여론을 형성하기도 하고 팬들 간의 커뮤니티를 통해 의견을 교환할 수 있게 한다. 소비의 경험과 생각을 교류하는 장이 인플루언서에 의해 쉽게 만들어진다.

기업들은 이를 활용하여 마케팅을 하거나 홍보를 한다. 전통적으로 해왔던 광고와 달리 새로운 면을 부각시키고 소비자에게 한발 다가가는 친숙함을 보여주는 것이 인플루언서의 활용이다. 소비자와 기업을 움직이고 트렌드를 선도하는 인플루언서. 그들의 가치가 높아지는 만큼 인플루언서가 되고자 하는 경쟁도 치열해지고 있다.

　인플루언서의 영향력이 커지는 만큼 그들이 책임감을 가지고 영향력을 발휘할 수 있는 분위기가 만들어져야 할 것이다. 광고나 협찬에 대해 정직하고 투명하게 활동해야 한다. 자신의 영향력을 활용해 사회적 문제에 대한 인식을 높이고 긍정적인 변화를 이끌도록 노력할 필요도 있다. 모든 사람을 포용하고 다양성을 존중할 줄도 알아야 한다. 모든 차별 요소에 대해 예민하게 대응하고 다양성을 존중하는 콘텐츠를 만드는 것도 필요하다. 자신의 영향력을 적절하고 윤리적인 방식으로 활용하여 사회적 가치를 증진하고 긍정적인 영향을 미치고자 노력해야 한다.

 **어떻게 생각할 것인가**

인플루언서 전성시대에 인플루언서는 어떻게 활동해야 할까? 인플루언서가 대중의 삶에 많은 영향을 미치면서 그들의 영향력도 점점 높아지고 있다. 그렇다면 인플루언서가 책임 있는 활동을 하기 위해서는 어떤 마인드가 필요할까? 사회 현상을 보면서 그 사실을 받아들이는 걸 넘어 대안과 개선 방향을 찾아보는 것이 필요하다. 지금의 흐름을 알고 앞으로 나아갈 방향을 생각해보는 것은 사고를 키우는 데 아주 큰 힘이 된다. 그렇다면 인플루언서가 영향력을 제대로 발휘하기 위해서는 무엇이 필요할까? 하나씩 생각해서 정리해보자.

우선 인플루언서는 영향력이 셀수록 진솔해야 한다. 과장된 광고나 부정확한 정보를 철저히 배제하고 팬에게 신뢰를 주기 위해 노력해야 한다. 자신의 이름값에 책임을 질 수 있는 묵직한 자세가 필요하다. 팬이 많다는 것은 그만큼 자기 행동과 말의 무게가 무거워진 것임을 인식해야 한다.

또한 다양한 콘텐츠를 시도해야 한다. 자신이 좋아하는 분야를 바꿀 수는 없지만, 끊임없이 새로운 방향에서 주제를 다뤄내야 한다. 편협한 시각에서 자료와 정보를 다루기 시작하면 인플루언서의 영향력을 제대로 발휘할 수 없다. 다양한 시선과 방향으로 접근할 때 더 많은 사람들과 소통할 수 있다. 그 소통이 인플루언서 자신의 세계관을 확장시켜 더 나은 개체로 성장시킨다. 끊임없이 성장하고 발전하지 않으면 한자리에 머물고 도태될 수밖에 없다. 조금 더 열린 시각으로 정보를 받아들일 필요가 있다. 트렌드를 반영하되 지속적인 업데이트와 혁신을 통해 자신만의 독특함을 찾아 나갈 때 인플루언서는 제대로 빛을 발하게 된다.

팬들과의 협업을 통해 콘텐츠를 확장시켜 나가는 것도 좋다. 요즘 아이돌은 소셜 미디어를 통해 팬들과 친근하게 소통한다. 그 소통 안에서 필요한 콘텐츠를 요구하고 수용하며 발전해 나간다. 이렇듯 일방적으로 팬들에게 전달하는 방식이 아닌 상호 소통을 통한 교류를 할 때 더 공고한 자신만의 영역을 지켜나갈 수 있다. 이는 윤리적으로 해를 끼치지 않는 범위여야 하고 사회적 책임을 다한 것일 때 가치가 있다.

 ## 비판적 사고력 UP!

1. 내가 좋아하거나 팔로워하는 인플루언서의 특징은 무엇인가?
2. 인플루언서가 되기 위해 필요한 자질은 무엇인가?
3. 인플루언서에게 가장 중요하다고 생각하는
   덕목은 무엇이라고 생각하는가?

# 도심 근교에 대형 카페가 몰려온다

도심 근교에 대형 카페가 인기몰이 중이다. 도심의 작은 카페들은 운영난에 허덕여도 도심 근교의 대형 카페 인기는 더 높아지고 있다. 도시 외곽 지역에 100~200평 규모의 대형 카페들이 생긴 건 2020년부터였다. 카페 방문기와 사진이 인스타그램 등 SNS에 업로드되면서 대중들에게 알려지고 큰 인기를 얻게 되었다. 부지가 크고 주변에 다른 대형 카페가 없이 단독으로 존재하는 곳은 특히 인기가 많다. 도로에서 가깝고 주차장이 크면 더욱 좋다. 대형 카페에서 가장 중요한 건 테마다. 소비자들의 욕구와 감성을 모두 자극할 수 있는 테마가 있는 공간으로 꾸미면 더욱 빠르게 입소문을 만든다. 사진 찍기 좋은 예쁜 인테리어를 하고 맛과 청결 상태를 유지한다면 단숨에 고객들을 사로잡을 수 있다. 다른 카페와 차별성을 추구한다면 더할 나위 없이 좋다.

　자연환경과 조화를 이루며 경치 좋은 장소에 위치한 대형 카페는 도심에서 벗어나 여유를 선물한다. 넓고 편안한 분위기로 사람들을 유혹하며 다양한 아트 전시나 워크숍, 공연 등과 접목해 색다른 경험을 선물한다. 소규모 모임을 위한 단체 공간, 원격 근무를 위한 공간도 제공하며 일과 휴식을 함께 즐길 수 있는 장소로 활용되기도 한다. 자연과 더불어 집에서 멀지 않은 곳에서 여유롭게 즐기는 문화생활은 지친 현대인들을 유혹하기 안성맞춤이다. 지역색을 살려 운영하다 보면 지역 경제에도 도움이 되고 일자리도 만들어낼 수 있다. 다양한 예술 활동과의 접목은 소상공인들에게 하나의 기회로 작용한다. 이는 대형 카페가 하나의 사업체를 넘어서 지역 경제에도 좋은 영향을 미치는 부분이다.

　그렇다면 도심 근교 대형 카페의 문제점은 없을까? 무리한 개발로 인해 주변 환경이 훼손될 수 있다. 자연환경을 잘 살려 카페를 만들지 않으면 과도한 개발로 지역 환경에 부정적인 영향을 미칠 수 있다. 그리고 일회용품의 무분별한 사용과 에너지 소모로 인해 환경적으로 나쁜 영향을 줄 수 있다. 고객을 유치하고 돈을 벌기 위해 환경 훼손에는 신경을 쓰지 못하는 경우도 발생하기 때문이다. 지역 소상공인들에게 피해를 줄 수도 있다. 지역의 작은 카페에게 대형 카페는 치명적인 영향을 준다. 대형 브랜드의 자본력과 홍보력은 소상공인에게 악영향을 주어 지역 경제를 어렵게 만들 수 있다. 또한 대형 카페 지역 주변에 소음 및 교통 체증 문제가 생길 수 있다. 사람이 몰리면 어쩔 수 없이 발생되는 문제다. 특히 지역의 특성을 고려하지 않고 상업적인 면만 강조하여 사업을 키우면 지역 경제와 조화가 되지 못하는 문제를 야기한다. 갈등이 깊어지면 지역 주민과 직접적인 충돌이 발생할 수 있다. 이처럼 개발이 지역 사회에 유리한 면만 존재하는 것은 아니다. 이를 직시하여 지역과 균형적으로 발전할 수 있는 업체 선정과 운영이 필요하다.

## 📖💡 어떻게 생각할 것인가

도심 근교 대형 카페의 인기 이유와 문제점에 대해 살펴보았다. 그렇다면 대안과 개선 방안에 대해서 생각해보자. 대안과 개선 방안에 대해 생각할 때는 생각이 편향되어 있지는 않은지 살펴야 한다. 내가 아는 적은 양의 경험으로 판단을 미루면 곤란하다. 전체적인 상황을 파악하지 못한 채 부분적으로 대안을 제시하는 경우도 있다. 종합적인 상황을 반영하여 접근하고 장기적인 영향이나 현지 사회의 의견을 반영하여 대안을 찾는 것이 좋다. 지속 가능성과 환경친화적인 대안이면 좋고, 비용과 이익을 분석하면 도움이 된다. 이를 생각하며 도심 근교 대형 카페의 대안과 개선책을 생각해보자.

도심 근교 대형 카페는 지역을 살리는 투자와 운영이 필수다. 지역의 문화를 드러낼 수 있도록 그 지역만의 특색을 포인트로 잡으면 좋다. 지역 주민들과 소통하여 의견을 반영하고 지역사회에 적합한 콘셉트를 찾는 것이다. 지역 농산물을 활용하여 음식이나 음료를 개발하는 것도 방법이다. 지역 사회에 기여할 수 있고 지역인의 참여를 만들어낼 이벤트를 하는 것도 좋다. 수익의 일부를 지역 사회 기관이나 비영리 단체에 기부하여 지역 발전에 도움을 줄 수도 있다.

주변 지역의 주민 및 고객에게 주차와 교통 편의성을 고려하여 주차장을 확보하거나 대중교통 수단의 접근 가능성을 높이는 것도 방법이다. 자연을 훼손하지 않으면서 자연 친화적인 카페를 만들거나 운영할 수도 있다. 메뉴나 이벤트도 자연과 주변 환경을 살리는 방향으로 기획한다. 이러한 노력을 통해 지역 사회와 잘 어우러지면서도 지속적으로 변화하며 융화해 나가는 대형 카페를 운영할 수 있을 것이다. 카페만 잘되어서는 안 된다. 지역과 함께 커나가고 지역의 발전을 도모할 때 도심 근교 대형 카페는 오랫동안 성장하고 유지될 것이다.

##  비판적 사고력 UP!

**1.** 도심 근교 대형 카페를 검색해보고 특징과 차별점을 정리해보자.

**2.** 도심 근교 대형 카페를 이용한다면 어떤 점을 중요하게 생각하고 선택할까?

**3.** 도심 근교 대형 카페가 지속적으로 발전할 수 있는 방법은 무엇인가?

# 행복한 과몰입을 즐기는 디깅러

깊이 파는 것을 디깅(digging)이라고 하고, 깊이 파는 사람을 디깅러라고 한다. 자신이 열정을 가지고 좋아하는 일에 아낌없는 충성과 애정을 보이는 것이 디깅러들이다. 이들은 해당 콘텐츠를 자랑하고 공유하는 소비를 한다. 예를 들어, 일본 애니메이션 슬램덩크 팬들은 굿즈를 사기 위해 팝업스토어 오픈 전날부터 노숙하며 오픈런을 했다. 같은 영화를 5번 이상 봤다는 n차 관람객도 디깅러의 한 예다. 자신이 좋아하는 분야의 캐릭터나 제품, 굿즈, 경험이라면 마다하지 않는 디깅러들도 있다. 이들은 관심 분야의 제품을 모으고 과시하고 공유한다. 포켓몬빵 띠부띠부실이 선풍적인 인기를 끌었던 것도 같은 이유였다. 2020년 처음 『트렌드 코리아』가 제시했던 디깅러들의 세계가 점차 일상으로 확장되어 가고 있다. 디깅러는 주로 IT 분야에서 활동했지만, 지금은 다양한 분야로 대중화된 것만 봐도 알 수 있다. 디깅러들은 특별한 관심사나 활동에 몰두하면서 이를 통해 깊은 만족감을 느끼는 경우가 많다.

행복한 과몰입을 즐기는 디깅러들은 트렌드를 주도하고, 10대들 또한 그들처럼 스스로 과몰입을 즐기는 디깅러가 되기를 원한다. "과몰입 토론하자"라는 말이 자주 보일 정도이다. 한 가지 콘텐츠나 이야기, 세계관에 깊이 몰입하여 콘텐츠의 비하인드나 등장인물, 사건에 대해 깊이 있게 이야기 나누는 것을 좋아하기 때문이다. 디깅을 할 때 한 가지 콘텐츠에 대해 깊이 있게 대화를 나누고 충분한 이해가 가능하기에 제대로 즐겼다는 몰입감에 빠지게 된다. 과몰입 토론 또한 스터디처럼 무겁게 다가가는 것이 아니다. 온라인을 통해 가볍게 접근하면서도 다양한 이야기를 나눌 수 있다. 좋아하는 주제에 대해 다양한 이야기들을 부담 없이 나누며 상상하고 토론한다. 예를 들어 해리포터에 관해 행복한 과몰입 토론을 하려면 '나는 어떤 기숙사에 가게 될까? 내가 생각하는 해리포터 최고의 인물은 누구일까?' 등 '해리포터'에 대해 마음껏 상상하고 나눌 수 있다.

디깅러는 정보를 탐색하고 공유하는 과정에서 신뢰성이 떨어지는 정보를 전파할 수 있다. 자신의 관심사와 성향에 따라 정보를 선택하고 공유하기에 특정한 시각이 강조될 수 있다. 이는 다양성과 객관성에 한계를 갖는다. 방대한 양의 정보를 탐색하고 파고들면서 정보의 과부화를 일으켜 꼭 필요한 정보를 식별하고 평가하는 데 어려움을 가질 수 있다. 이러한 문제에도 불구하고 디깅러가 되어 행복한 과몰입을 해보는 것이 10대가 콘텐츠를 즐기는 하나의 방법이 되어 가고 있다.

## 📖💡 어떻게 생각할 것인가

디깅러의 시대가 왔다. 디깅러는 덕후나 팬슈머와는 어떤 차이가 있을까? 한 가지 개념에 대해 깊이 있게 이해하기 위해서는 관련된 개념들과 비교해보는 것이 좋다. 비교는 개념에 대한 정확한 이해를 돕는다. 개념을 구분하고 설명하면서 독자적인 특징을 파악할 수 있기 때문이다. 따라서 디깅러의 의미 이해를 위해 덕후나 팬슈머와의 차이를 생각해보자.

디깅러란, 특정 주제나 분야에 대해 깊이 파고들어 정보를 찾아내고 분석하는 사람이다. 남들보다 더 깊이 있게 즐기고 그 재미를 공유하고 자랑한다. 공유와 과시는 디깅러의 주요 특징이다. 덕후란, 특정한 취미나 관심사, 예술가나 연예인 등에 대해 극도로 열정을 갖고 몰두하는 팬을 말한다. 주로 애니메이션이나 만화, 게임이나 아이돌에 빠져 있다. 자신이 좋아하는 분야에 대해 깊이 있는 지식을 갖고 있고, 커뮤니티에서 같은 덕후끼리 활동하는 일이 많다. 소통하는 가운데서 즐거움을 찾는다. 팬슈머는 팬(fan)과 소비자(consumer)를 합친 말이다. 단순히 제품을 소비하는 것을 넘어 사업 전반에 직접 관여하는 가장 적극적인 개념의 소비자다. 팬들이 직접 투자와 제조 과정에 참여해 상품이나 브랜드를 키워내는 역할을 한다.

디깅러는 자신이 열정을 가지고 좋아하는 일에 아낌없는 충성과 애정을 보이고 해당 콘텐츠를 자랑하고 공유하는 소비를 한다. 덕후는 특정한 취미나 분야에 극도로 열정적인 모습을 보이며 팬을 넘어선 약간의 중독 개념이 포함되어 있다. 팬슈머는 소비자로서의 역할과 팬으로서의 역할을 동시에 수행하는 사람을 의미한다.

이렇듯 세 가지 개념을 비교하니 디깅러의 의미와 특징을 더 명확하게 알 수 있다. 비슷한 개념과 비교하는 과정에서 그 개념의 정확한 특징이 드러나기 때문이다. 우리는 비교를 통해 이해의 깊이를 넓히고 사고력을 강화한다. 결정력을 향상하며 문제 해결 능력도 높일 수 있다. 비교를 통해 학습 효과를 높이고 의사소통 능력도 향상하게 된다. 비교를 잘하기 위해서는 다양한 측면을 고려하여 체계적으로 접근하는 것이 좋다. 비교 기준을 정하고 정보를 수집·분석하여 다양한 관점으로 판단하고 해석하면 비교의 이점을 가장 잘 살릴 수 있다. 개념이 애매하거나 어려울 때는 비교의 방법을 써보자. 조금 더 쉽게 개념을 이해할 수 있다.

 ## 비판적 사고력 UP!

1. 디깅러의 예시 사례를 찾아보자.
2. 디깅러와 덕후, 팬슈머의 가장 큰 차별점은 무엇인가?
3. 한 가지 주제에 대해 디깅러와 일반인의 차이는 무엇일까?

# 10 새로움에는 돈을 아끼지 않는다

뉴디맨드 전략이란, 기업이나 조직이 변화하는 시장 환경과 새로운 요구에 대응하기 위해 생각지도 못한 것을 만들어내는 것이다. 이 전략은 시장 조사를 통해 소비자의 트렌드를 조사하여 소비자들이 새롭게 원하는 것이 무엇인지를 고민하는 것에서부터 시작한다. 고객의 인사이트를 찾아보고 기존의 상품들은 그 부분에서 어떤 것이 부족했는지를 분석한다. 이는 단순히 새로운 제품이나 서비스를 개발하는 것을 넘어선다. 소비자들에게 필요한 것이긴 하지만 전혀 생각해보지 못한 것을 개발하는 것이다. 이는 계속적으로 변화하는 시장 상황에서 어떤 것을 어떻게 만들어낼지에 대한 고민에서 출발한다.

뉴디맨드 전략을 통해 만들어진 상품에는 어떤 것이 있을까? 스마트홈 기기가 있다. 가정에서 편의성과 효율성을 살려 스마트 생활을 즐기고자 하는 요구에 의해 개발된 물건이다. 스마트 조명, 스마트 센서, 홈 자동화 시스템 등이 그 예다. 또 전기 자동차도 있다. 기존의 연료 소모의 대안으로 제시된 것이 전기 자동차이다. 친환경성과 저비용 운전을 통해 기존의 불편함을 해소했다. 시각 장애인을 위한 브래들리 시계는 표면을 따라 움직이는 2개의 구슬과 입체적으로 디자인된 눈금을 만져서 시간을 확인하도록 했다. 특정 타깃 소비자의 수요에 맞게 새로운 제품을 개발한 예시도 있다. 소형 냉장고로 매력 없던 제품을 김치 전용으로 개발한 위니아 딤채의 경우 전에 없던 새로운 카테고리를 만들어낸 뉴디맨드 전략이라고 할 수 있다.

이 밖에도 『트렌드 코리아 2023』에서 제시한 '상품의 기능과 외관을 개선해 새로운 수요를 창출하는 업그레이드 방법'도 뉴디맨드 전략이다. 스마트 워치는 초창기에 스마트폰과 연동돼 여러 가지 기능을 잘 수행하는 것에 초점을 두었지만, 요즘에는 심전도나 혈압 등을 측정해 위기 시에 연락을 취할 수 있는 건강·안전 기능이 강조된 경우도 있다.

기존 상품에 새로운 콘셉트를 넣어서 수요를 창출하는 것도 뉴디맨드 전략이다. 스타벅스 공정무역 커피가 그 예다. 커피의 품질에는 큰 차이가 없지만 현지 농장에서 소비자에 이르는 전 과정을 공정하게 관리했다는 콘셉트를 도입해 새로운 개념의 브랜드를 탄생시켰다. 고객의 지불 방식을 편하게 해 새로운 수요를 만들기도 한다. 이케아는 자사 제품을 되사주는 바이백 서비스를, 까사미아는 동일 카테고리 제품을 교체할 경우 최대 30%까지 할인하는 서비스를 내놓아 소비를 변화시켰다.

이처럼 뉴디맨드 전략은 세상을 변화시킨다. 앞으로 세상에는 얼마나 새롭고 참신한 아이디어가 생겨나게 될까? 벌써부터 궁금하다.

### 📖💡 어떻게 생각할 것인가

어떻게 전혀 생각하지 못한 물건을 만들어낼 수 있을까? 뉴디맨드 전략에서 엿볼 수 있는 것이 바로 창의적 아이디어를 생각하는 힘이다. 비판적 사고에서 무엇보다 중요한 것이 창의적으로 생각하는 힘이다. 이렇게 중요한 새로운 생각은 어떻게 만들 수 있을까?

창의적으로 생각하기 위해서는 다양한 분야를 살펴보는 것이 필요하다. 다양한 분야의 정보와 트렌드를 분석하다 보면 새로운 영감을 얻는 것이 가능하다. 서로 전혀 다른 분야를 연결하면서 새로운 아이디어를 생각할 수 있다. 또 기존에 존재하는 문제를 새로운 시각에서 바라보는 것도 좋다. 문제 해결을 위해 생각하는 과정에서 창의적인 아이디어가 생길 수 있다. 사용자들이 무엇을 필요로 하고 원하는지 파악하는 것도 좋다. 그에 맞춰 새로운 제품을 만들어낼 수 있기 때문이다. 또 디자인 씽킹을 활용해 연결 고리를 늘려나가는 방법도 있다. 팀 협업과 브레인스토밍을 통해 생각을 모아보는 것도 좋다. 각자의 생각과 의견을 나누고 융합하면서 혁신적인 아이디어가 발산될 수 있다. 새로운 기술과 트렌드를 분석하다 보면 더 혁신적인 기술을 도입한 전략을 짜는 데 도움이 된다. 경쟁 분석을 통해 기존 제품과는 차별화된 아이디어를 모으는 것도 방법이다. 실험적인 접근을 통해 전혀 새로운 것에 도전하고 실패를 통해 학습하는 것도 좋다. 이처럼 새로운 뉴디맨드 전략을 활용해 여러 가지 방법을 우리 생활에 적용해보면 어떨까.

새롭고 혁신적인 아이디어를 얻기 위해 위의 방법들을 활용하다 보면 지금까지 존재하지 않았던, 전혀 새로운 것을 만들어낼 수 있을 것이다. '나는 할 수 없다'는 자신감 없는 모습에서 벗어나 새로운 시도를 하고 도전해보자. 실패해도 괜찮다. 처음부터 새로운 것이 갑자기 나타날 수는 없다. 그러므로 많은 실패와 도전을 통해 우리도 뉴디맨드 전략에 도전해보자. 어제보다 조금 더 생각하는 힘을 키울 수 있을 것이다.

 **비판적 사고력 UP!**

1. 다양한 분야의 소식을 찾아 불편한 점을 정리하고
   기존의 문제에 대한 개선점을 생각해보자.
2. 한 가지 물건을 정해 기존 사용자들의 필요와 욕구를 정리하고
   디자인 씽킹을 통해 새로운 아이디어를 정리해보자.
3. 브레인스토밍과 주변 사람들과의 대화, 신기술 분석을 통해
   새로운 것을 상상해보자.

# Chapter 3

# 사회

# 베이비박스 합법화의 딜레마

베이비박스는 유럽에서 존재하던 개념이다. 영아 살해 사건이 계속되자 원치 않는 아기를 대신 처리하는 방식으로 고안되었다. 원치 않은 아이이거나 도저히 키울 수 없는 상황인 부모가 선택하는 방법이다. 우리나라에서는 2009년 주사랑공동체에서 최초로 만들었다. 키울 수 없는 아기를 두고 가는 장소이다. 처음엔 아기를 교회 밖에 놓아두면 동사할 수 있어 만들었다고 한다. 아기를 버리면 유기죄에 해당되나 부모가 양육이 어려우면 베이비박스를 선택한다. 정식 입양을 하려면 출생 신고가 우선되어야 하나 그것이 불가능한 상황이기 때문이다. 베이비박스가 알려진 후 아이를 무작정 놓고 가는 사람이 늘어나고 있다. 아이의 인적 사항을 알아야 법적 절차를 밟을 수 있는데 몰래 두고 가면 문제가 발생한다. 부모가 정식으로 양육권 포기 의사를 밝혀야 입양이 가능하기 때문이다. 이것이 확인이 안 되면 입양조차 어렵다. 양육권 포기 각서 없는 베이비박스의 아기는 결국 아동보호센터로 보내져 평생 고아로 살게 된다. 이런 문제를 해결하기 위해 주사랑공동체에서는 베이비박스에 아기를 맡기러 온 친부모 98%를 상담하여 36%는 출생 신고를 하게 했다. 친부모의 품으로 돌아갈 수 있도록 돕거나 정부 입양 상담을 통해 가정에서 보호받는 방법도 안내 중이다. 베이비박스에 아이를 버렸다가 찾으러 오는 부모도 30%에 달한다. 사정이 안 되어 베이비박스를 이용한 것일 뿐 아기를 키우고자 하는 의지가 강했던 것으로 추정된다.

그렇다면 어떤 상황에서 베이비박스를 가장 많이 이용할까? 베이비박스에 온 500명의 아기와 부모를 조사한 결과 절대 다수가 강간에 의한 임신, 불법 외국인 체류자의 임신, 10대 청소년의 임신, 근친에 의한 임신, 외도에 의한 임신, 극심한 경제적 어려움이 원인이었다. 한부모이거나 가족이 없는 경우, 임신을 몰랐거나 아기의 건강에 이상이 있는 경우도 많았다. 원치 않는 임신으로 아이를 출산하거나 전형적인 혼인 관계 이외에서 출산한 아이도 해당된다. 아이를 버리려는 목적이 아이를 지키기 위한 것이었다는 분석도 나온다(나무위키 참고). 부모가 사회 안전망에서 벗어나 있는 청년 빈곤층이라 아이를 지킬 방법도 없었다는 결론이다. 그나마 다행인 것은 베이비박스가 생기면서 아기를 유기하는 비율이 줄었다는 사실이다. 이에 베이비박스를 합법화해야 한다는 일부의 주장도 있다. 아이를 버리는 것을 합법화해서 권장하는 것이 아니냐는 비난이 나오는 가운데 베이비박스에는 오늘도 귀한 생명들이 버려지고 있다.

## 어떻게 생각할 것인가

베이비박스에 대한 글을 읽고 찬반 토론을 해볼 수 있다. 찬반 토론은 논리적으로 사고할 수 있게 한다. 자신의 의견을 논리적으로 정리하고 효과적으로 진달하면서 분식력이 생긴다. 상대방의 의견을 반박하는 과정에서 논리적 사고 능력이 향상되고, 다양한 관점을 이해하게 되며 의사소통능력과 자기 표현 능력이 향상된다. 문제를 해결할 수 있는 힘을 갖게 되어 비판적 사고력이 키워진다. 그렇다면 찬반 토론은 어떻게 할까?

주제에 대해 이해하고 토론의 목표를 설정한다. 자신의 입장을 하나 정한 다음 논리적으로 구성하여 상대방에게 이해하기 쉽게 전달한다. 상대방의 이야기를 듣고 상호 주장을 정리한다. 상대방의 의견에 반박할 주장의 근거를 찾아 토론을 하며 상대방이 어떤 주장을 할지 예측해야 원활하게 토론을 이끌어 갈 수 있다. 자세한 이유와 예시로 설명하고 심리적인 요소와 논리를 적절히 분배하여 상대방을 설득시킬 수 있는 전략을 짜는 것이 좋다.

베이비박스의 합법화에 대해서도 찬반 의견이 존재한다. 베이비박스가 생기면서 영아 유기, 살해가 확실히 줄었다. 실제 한국 영아 유기 살해 통계를 보면 2007년 평균 14~15명이었다. 베이비박스가 알려진 2012년부터 2019년까지 영아 유기 살해가 7~8명으로 평균 6명 정도 감소했다. 친부모 상담을 통해 출생 신고가 늘어난 것도 고무적이다. 베이비박스를 통해 어쩔 수 없이 아이를 버릴 수밖에 없었던 사람들이 아이를 유기하지 않도록 설득된 것이다. 아이가 가진 최소한의 인권이 보호되며 이를 통해 살린 아이들도 많다. 생명을 지키는 소중한 제도라는 의견이다.

하지만 이에 대한 반대 의견도 있다. 베이비박스가 있어 오히려 아이를 더 쉽게 버릴 수 있는 환경이 되었다는 주장이다. 아이를 유기하면서 죄책감마저 덜어줄 우려가 있다는 것이다. 유기의 예방 효과도 없고 양질의 복지 환경을 보장할 수 없기도 하다. 출생 신고를 하지 않아도 버릴 수 있기에 아이에게 친부모를 알 수 있는 기회를 박탈한다는 주장도 설득력이 있다. 미신고 아동 복지 시설이라 부모의 신상 정보를 요구할 수 없고, 책임 있게 운영하기도 어렵다는 단점이 있다. 어떤 입장에 무게가 실리는가? 찬반 토론의 근거를 보면서 한 가지 입장을 정해 나의 주장을 만들어보자.

 비판적 사고력 UP!

1. 베이비박스 합법화에 대한 찬성과 반대 중 나의 의견은 무엇인가?
2. 의견의 근거는 무엇인가?
3. 나의 주장과 다른 의견에 반박할 입장을 생각해보자.

# 자국 이성 혐오 사이트 폐쇄 논쟁

흔히 '일베'라고 불리는 사이트가 있다. '일간 베스트'의 줄임말로 오늘 하루 최고 인기 있는 게시물을 말한다. 처음에는 디시인사이드의 일간 베스트 글을 저장할 용도로 만들어졌다. '여성 혐오, 지역 비하 발언, 고인 능욕' 하면 떠오를 정도로 혐오의 대표 사이트가 되었다. 세월호 유가족 시위 때 폭력 투쟁을 벌이며 고인 능욕을, 명절마다 사촌 인증이라며 여자 사촌 동생의 나체를 몰래 찍어 올리는 것으로 유명하다. 노무현 전 대통령에 대한 상습적 비하 발언을 하고 5·18 광주 민주화 운동에 대해선 폭동이라고 주장하는 등 극우 성향도 뚜렷하다.

2013년에 일베 폐쇄 논쟁이 시작되었다. 민주당 최고위원은 표현의 자유도 최소한의 기본은 지켜야 한다며 일베 운영 금지 가처분 신청을 검토한다고 밝혔다. 개인의 명예나 권리를 보호해야 하지만 사이트의 불법성이 70%를 넘어야 폐쇄나 접속 차단이 가능하다. 또 대법원 판례에서는 웹사이트 전체를 불법 정보로 판단할 수 있어야 폐쇄가 가능하다고 했다. 이러한 기준으로 볼 때 일베를 불법 사이트로 규정하기는 무리가 있다. 정보의 70%가 불법 정보라거나 전체가 불법 정보라고 판단할 근거가 약하기 때문이다. 물론 명예 훼손 등 불법 정보가 있기는 하지만 정확한 퍼센트를 계산하기는 쉽지 않다. 여느 불법 사이트처럼 음란한 정보로만 채워진 것도 아니다. 사이트 접속자의 표현의 자유를 반박하기도 어렵다. 표현의 자유라는 명분에 숨어 혐오 표현을 일삼고 있지만 이를 제재할 방법도 없다.

하지만 성차별과 모욕적인 발언, 비하, 조롱이 빈번하게 발생하는 만큼 스스로 자정할 수 있는 조치가 시급하다. 이러한 사이트를 통해 성별 평등이나 다양성이 훼손되고 있기 때문이다. 차별이나 혐오 표현을 받은 대상자들이 심리적으로 상처를 받는 것도 문제다. 이런 분위기가 쌓이게 되면 사회는 분열된다. 적대적인 분위기로 나뉘어 서로 이해하고 존중하는 문화를 해친다. 이는 자신들 스스로의 비판적인 사고와 논의를 통해 해결해 나가야 한다. 부적절한 게시물을 신고하고 논리적인 주장을 제시해서 의견이 한쪽으로 치우치지 않도록 해야 할 것이다. 규칙을 만들어 이를 지킬 수 있도록 하고 긍정적인 콘텐츠를 공유해 사이트의 분위기를 전환하는 것도 좋은 방법이다. 건강한 토론 문화를 만들 수 있는 대안 사이트를 통해 의견을 표출할 기회를 주는 것도 좋다. 디시인사이드나 루리웹, 클리앙 등에서 건강한 토론을 배우며 혐오 문화를 개선하는 방법을 배워가는 것이 도움이 될 것이다. 무엇이든 한쪽으로 치우치는 의견은 표현의 자유를 넘어서 건강하지 못한 만큼 사이트 사용자들의 자정 작용을 기대해본다.

## 어떻게 생각할 것인가

일베의 폐쇄에 대한 의견이 분분한 가운데 우리가 생각해봐야 할 것이 있다. 일베가 왜 문제가 되며 일베의 어떤 특징이 폐쇄를 불러온 것인가 하는 것이다. 한 단체에서 활동하는 사람들의 특징을 알아보면 그 단체를 이해하고 분석하는 데 도움이 된다. 단체는 여러 의견이나 경험, 문화적 배경에 따라 형성된다. 일베에 대해서 분석해보면 단일한 시각이나 입장이 아닌 그들을 전체적으로 이해하는 데 도움이 된다. 그룹 내에서 의사 결정이 어떻게 이루어지고 어떤 영향을 주고받는지도 이해할 수 있다. 어떤 가치나 믿음, 행동이 강조되어 표현되는지를 이해하면 이들의 문화적 영향을 알아가는 데도 도움이 된다. 이러한 활동들이 개인에게 어떠한 영향을 주며 거기서 자신의 독립성을 유지하기 위해 무엇이 필요한지도 이해할 수 있다.

그렇다면 일베 사이트의 분위기를 정리해보자. 일베는 특유의 댓글 문화, 유머 스타일을 갖고 있다. 이를 표현하기 위해 자신들만의 특수한 용어나 표현을 쓴다. 자체적인 용어를 사용하기 때문에 외부에선 쉽게 이해하지 못한다. 특정 이슈에 대한 공감대나 의견 일치도가 높은 편이며 의식적으로 도발하는 콘텐츠를 공유해서 논란을 일으키기도 한다. 특히 정치나 사회, 일상의 주제에 대해 독특한 시선으로 이슈를 다뤄 유대감을 형성한다. 사용자들이 익명으로 활동할 수 있어 더욱 자유롭게 의견을 표출할 수 있다. 다양한 주제를 다루지만 특정한 주제에 대해서는 독특한 유머와 시각을 보여준다. 이러한 특징이 있어 일베는 외부에서 이해하기 어렵고 고립되기 쉽다. 자신들끼리는 돈독하지만 결국은 익명성이 보장되기에 누구의 의견인지도 모른 채 동화되기 쉽다는 어려움이 있다.

이처럼 일베의 특징을 분석해보니 어떤가. 일베 사이트에 대한 이해가 높아졌을 것이다. 그리고 그러한 특징을 가진 일베 사이트의 접속 여부도 결정할 수 있었을 것이다. 이처럼 한 가지 주제의 특징을 아는 것은 개인의 판단에 도움이 된다.

##  비판적 사고력 UP!

1. 일베의 특징을 한 문장으로 정리해보자.
2. 일베의 특징에서 내가 취하고 싶은 점과 버리고 싶은 것은 무엇인가?
3. 일베의 가입 권유를 받는다면 나는 어떤 이유로 참가 혹은 불참하겠는가?

# 공익을 위해서라면 사생활은 공개되어도 될까?

'공익을 위해서는 사생활도 침해될 수 있다. 사회적 이익을 위해서는 투명성을 높이거나 사회적 문제를 인식하기 위해서 사생활이 공개되어도 된다'는 주장이 있다. '어떤 경우라도 개인의 사생활 공유는 권리'라는 주장과 함께 논란이 되는 이 사안에 대해 생각해보자.

공공 인물, 즉 정치인이나 연예인, 사회적인 영향력을 가진 인물들은 원하지 않더라도 사생활이 노출되는 경우가 있다. 그들의 행동이 사회적으로 영향을 미칠 수 있기 때문이다. 특히 소셜 미디어가 발달하면서 원하지 않는 개인의 이야기도 공공연히 기사로 다뤄지는 경우를 흔히 보게 된다. 범죄 수사 과정에서 공익을 위한다는 이유로 범죄자의 일부 사생활이 공개되기도 한다. 범죄를 해결하고 예방하기 위한 수단인데 범죄자였다는 이유만으로 사생활이 공개되어야 하는 게 옳은가 의문이 생긴다. 공익을 위한다는 이유로 사생활을 노출하는 것은 어떤 문제와 이점을 가질까?

범죄자의 경우를 생각해보자. 미성년자나 가족의 사생활이 함께 노출되면서 피해를 주기도 하고 무죄인 사람에 대해서까지 잘못된 시선을 만들기도 한다. 범죄자에 대한 안 좋은 인식을 늘려 배타적인 분위기를 형성한다. 지나치게 정보가 노출되는 경우는 인권 침해 우려도 생긴다. 문제가 있는 것만은 아니다. 범죄와 연관된 정보만 공개된다면 유익하다. 범죄 해결과 예방에도 도움을 줄 뿐 아니라 범죄 수사에도 큰 정보를 제공하기 때문이다. 범죄자 모니터링과 사회 재통합에도 유리하고 개인이 자신의 안전을 지키는 인식을 키우는 데도 좋다. 사회적으로 법 집행 기관의 투명성을 높여 신뢰감을 높인다. 또 무죄를 증명할 수 있는 도구로 활용할 수도 있기에 불리한 것만은 아니다.

연예인의 경우는 어떨까? 연예인의 사생활 공개는 공익을 위한 행동을 촉진한다는 장점을 갖는다. 보여주기 위해서라도 좋은 일을 할 가능성이 많아지기 때문이다. 특정한 사회적 문제에 대해 주목할 수 있게 하고 자원 기부를 독려할 수 있다. 그들이 가진 사회적 책임을 강조함으로써 사회에 순기능을 한다. 그러나 프라이버시 공개를 통한 일상의 파괴나 압박, 부담은 나쁜 점이기도 하다. 자발적인 기부가 아닌 강요의 느낌을 받거나 비정상적으로 높은 기대를 갖게 해 부담을 주기도 한다. 이를 통해 진짜 자신이 아닌 가짜 인격이 생길 수도 있다.

이러한 사례들을 살펴보아도 정답을 규정하기는 어렵다. 그것은 어느 정도의 기준을 마련하느냐의 문제일 것이다. 자신들이 감당할 수 있는 수준의 건강한 공개의 정도가 어느 만큼인지 사회적 합의가 필요한 시점이다.

## 📖💡 어떻게 생각할 것인가

공익을 위한 사생활 공개의 사회적 영향에 대해 생각해보자. 사회적으로 미치는 영향을 생각해보면 그 기준을 결정하는 데 도움이 된다. 개인에게 너무 부담스럽지 않은 정도에서 사생활을 공개하게 한다면 그것은 사회적으로도 이익이 되기 때문이다. 특별히 공인이라 불리는 사람들의 긍정적인 행동을 예시로 생각해보자. 공익을 위한 사생활 공개는 어떤 사회적 영향을 미칠까?

우선 사회적 행동에 대한 모범을 제시할 수 있다. 다른 기업이나 개인이 추구해야 할 방향을 제시하고 배워나가는 것을 돕는다. 이러한 긍정적인 파워는 사회를 위해 꼭 필요한 요소이며 공인을 통해 쉽게 전파할 수 있다는 특징이 있다. 또한 이런 행동은 사회적 영향력을 높일 수 있다. 자신이 좋은 행동을 하고 그것이 사회적으로 반향을 일으켜 더 좋은 분위기를 만드는 데 기여하게 된다. 특정한 사회 문제에 대한 노력을 늘리게 된다. 문제 해결을 위한 협력의 기회를 확대하고 사회적 문제에 대한 종합적이고 효과적인 해결책을 찾는 데도 힘을 실어준다. 이를 통해 소비자와 시민의 참여를 유도해 사회 분위기가 긍정적으로 바뀌는 데 기여하기도 한다.

개인이 너무 큰 부담이 안 되는 선에서 사생활을 공개하는 것이 이토록 도움이 된다. 쓰레기에 관심을 가지고 자신의 일상에서 쓰레기를 줄이는 것을 공개하는 연예인이 있다. 배우라는 타이틀을 가진 그는 실생활에서 쓰레기 줄이는 방법을 공개하면서 사회에 긍정적인 영향력을 불러일으킨다. 그에게 어느 정도의 사생활 노출은 문제가 되지 않는다. 이처럼 자신이 공익을 위해서 적절한 선에서 사생활을 노출하는 것은 유익하다.

하지만 이런 좋은 면만 존재하는 것은 아니다. 분명히 부정적인 영향도 있다. 그렇다면 공익을 위한 사생활 공개가 사회적으로 끼치는 부정적인 영향은 무엇일까?

 **비판적 사고력 UP!**

1. 공익을 위한 사생활 공개의 부정적인 영향은 무엇이 있을까?
2. 그것을 방지하기 위해 필요한 지침은 무엇인가?
3. 위의 내용을 모두 정리해볼 때 공익을 위한
   사생활 노출의 적절한 기준을 만들어보자.

# 악플도 표현의 자유일까?

인터넷 실명제란, 인터넷 공간에서 게시물을 작성할 때 자신의 실명을 사용하도록 하는 정책이다. 인터넷에서 표현의 자유를 위해 익명으로 글을 쓰는 데 따른 문제점 때문에 대두되었다. 익명으로 타인의 인격권을 침해하거나 명예를 훼손하는 게시물이 많기 때문이다. 이런 게시글이 문제가 되었을 경우 형사 처벌하는 것이 아니라 사전에 규제하자는 의도이다. 게시자가 스스로 내용 표현을 자제하고 검열할 수 있도록 권고하기도 한다. 이름만 공개될 뿐 내용에 대한 규제가 있는 것은 아니기에 표현의 자유도 억압되지 않는다. 욕설이나 명예 훼손을 하는 게시글이나 댓글 때문에 개인의 인격권이 침해 당하는 상황에서 이를 해결하고자 제안된 정책이다.

그러나 실질적으로 이용자 개개인이 이를 얼마나 참고할지는 알 수 없는 부분이다. 이미 주요 포털에서 회원 가입을 할 때 본인 확인 절차를 거치기에 완전히 익명으로 게시글이 작성되는 것은 아니다. SNS는 개인 정보 유출이 문제가 될 만큼 개인의 정보를 꽤 많이 드러내면서 활동하는 매체이기도 하다. 이처럼 실명제에 가깝게 운영이 되고 있는데도 악플은 끊임없이 생성되고 있다. 실명제로 얻을 수 있는 공익이 모호한 상황에서 무작정 표현의 자유를 억압하는 실명제를 실시해야 하냐는 의문이 생길 수밖에 없다.

이러한 우려 때문일까. 2012년 인터넷 실명제가 위헌으로 결정된 데 이어 2021년 선거 기간 인터넷 실명제도 폐지 결정이 이뤄졌다. 인터넷 언론사에 선거 기간 동안 본인 확인을 통한 실명 댓글을 강제로 실시했던 것이다. 헌법재판소는 인터넷상 형성한 사상이 자유 시장에서의 다양한 의견 교환을 억제한다고 했다. 이로써 국민들의 의사 표현 자체가 위축될 수 있으며 민주주의의 근간을 이루는 자유로운 여론 형성에 방해가 될 수 있다고 판단했다. 이로써 익명 표현의 자유와 개인 정보 자기 결정권을 존중하며 실질적으로 인터넷 실명제는 논외의 대상이 되었다.

그렇다고 실제적으로도 인터넷 실명제의 문제가 사라진 것은 아니다. 여전히 악플은 존재하고 그로 인해 괴로워하는 사람들이 있다. 익명의 그늘에 숨어 더 강력한 명예 훼손과 모욕을 일삼는 사람들이 존재하기 때문이다. 표현의 자유와 개인의 인격권을 지켜내는 장치로써의 기능을 강조하는 인터넷 실명제는 여전히 뜨거운 논란의 대상이다.

## 📖💡 어떻게 생각할 것인가

인터넷 실명제처럼 찬반 의견이 오랫동안 대립되어 온 주제는 적지 않다. 이러한 주제를 다룰 때는 스스로 비판적 질문 목록을 만들어보는 것이 좋다. 목록을 만들어보면서 스스로 찬반 주장이 드러내는 정보와 가치에 대해 판단할 수 있는 기회를 가질 수 있다. 어떻게 질문의 목록을 만들어 생각해볼 수 있을까?

주장의 근거와 증거에 대해 질문하자. 어떤 증거가 주장을 뒷받침하고 있으며 그 근거는 신뢰성이 얼마나 높은지를 살펴보는 것이다. 다른 근거나 증거들이 있는 것은 아닌지 찾아볼 필요도 있다. 주장이 논리적이며 일관성이 있는지도 살펴보자. 주장에서 사용하는 용어가 명확하게 정의되어 있는지도 찾아보면 좋다. 통계나 수치 자료가 있는지 살펴보고 그것을 근거로 자료를 모아보자. 다른 가능한 설명이나 대안이 있는지, 이 주장 외에 다른 시각이나 해석이 가능한지도 생각해보면 좋다. 다른 정보나 주장과의 연관성을 살펴보고 특정 시간이나 장소, 문화적 맥락에서 어떻게 이해되는지도 알아본다. 시간이 지나면 질문의 내용이 변화될 수 있는지 살펴볼 필요도 있다.

챗GPT에게 인터넷 실명제에 대한 비판적 질문을 만들어 달라고 부탁했다. 다음은 인공지능이 생성한 비판적 질문 목록이다.

### 효과적인 방법인가요?

- 인터넷 실명제가 원래 목표했던 사회적 문제나 법적 문제를 얼마나 효과적으로 해결하고 있나요?

### 개인 정보 보호 문제

- 실명제로 인한 개인 정보 노출 문제는 없나요?
- 이로 인해 개인의 프라이버시에 어떤 영향을 미치나요?

### 자유와 익명성에 대한 영향

- 인터넷 사용자들이 익명성을 포기해야 하는 경우, 이로 인해 어떤 자유가 희생되나요?
- 익명성이 어떻게 창조적 표현과 자유로운 의사소통에 기여하는지 고려되었나요?

### 신뢰성과 부정 행위 방지

- 인터넷 실명제가 부정 행위를 어떻게 방지하고 있나요?
- 그러나 여전히 신원을 위조하거나 회피하는 방법들은 없나요?

### 사회적 다양성과 차별

- 인터넷 실명제로 인해 특정 그룹이나 사회적 계층이 어떻게 영향을 받고 있나요?
- 어떤 부류의 사람들이 이에 민감하게 반응하나요?

### 정부나 기업의 남용 우려

- 인터넷 실명제 정보가 정부나 기업에 남용될 우려는 없나요?
- 이러한 정보가 어떻게 수집·저장·사용되는지에 대한 제약이 있나요?

### 기술적 한계

- 인터넷 실명제 시스템은 어떤 기술적 한계를 가지고 있나요?
- 허위 정보나 위조된 정보를 어떻게 감지하고 처리하고 있나요?

### 사용자 동의와 자유 의지

- 사용자들이 개인 정보를 제공하고 실명제에 동의할 때, 그들이 이에 대한 충분한 이해와 선택권이 있나요?
- 강제적으로 실명제를 시행하는 경우 사용자의 자유 의지는 어떻게 보호되나요?

### 다른 국가나 문화에서의 적용 가능성

- 인터넷 실명제는 모든 국가나 문화에 적용 가능한가요?
- 문화적 차이와 다양성을 어떻게 고려하고 있나요?

### 대안적인 방법의 고려

- 인터넷 실명제 외에도 부정행위 방지와 개인 정보 보호를 위한 다른 방법들은 무엇인가요?
- 다양한 접근 방식을 고려할 때, 실명제의 효과를 어떻게 비교할 수 있을까요?

이 질문 목록을 보면서 내가 만들 수 있는 질문과 어떻게 다른지 살펴보자. 질문을 비교하는 것이 생각을 확장하는 데 도움이 될 것이다.

 ## 비판적 사고력 UP!

1. 나는 인터넷 실명제에 대해 찬성인가, 반대인가?
2. 나의 의견에 대하여 비판적 질문 목록을 만들어보자.
3. 챗GPT의 질문과 다르게 생각한 부분은 무엇인가?

# 사형 제도는 없애야 할까, 유지해야 할까?

극악무도한 범죄가 일어날 때마다 이슈가 되는 것이 사형 제도다. 우리나라는 사형 제도가 실행되지 않고 있지만, 범죄 수위가 높은 범죄자에게는 사형이 집행되어야 한다는 의견은 꾸준히 제기되고 있다. 우리나라는 왜 사형 제도를 실시하지 않고 있으며 이에 대한 찬반 의견은 어떠할까?

사형 제도는 인권 침해 논란의 대상이다. 생명의 귀중함을 해치는 행위로 용납될 수 없다는 인식이다. 범죄자에 인권을 누군가가 판단할 수 없으며 그것이 도덕적으로 바른 대응인지도 알 수 없다. 죽음을 통해 죄가 씻어진다는 생각은 착각이라는 주장도 있다. 잘못된 판단이나 정당한 절차의 미비로 오류가 발생할 수도 있다. 정의에 대한 생각과 복수심이 바른 판결을 해칠지도 모른다. 범죄 예방 효과도 미미할뿐더러 다른 처벌이 범죄를 바로잡는 데 더 효과적이라고 주장한다. 징역형이나 벌금, 사회 봉사 활동, 재교육 프로그램이나 종교적·윤리적 프로그램 등으로 사형에 준하는 효과를 볼 수 있다. 사형 집행을 하는 사람들이 정신적으로 힘들어 할 수 있으며 사회적인 분위기를 부정적으로 만들기에 조심스러운 것도 사실이다. 이러한 이유를 근거로 폐지론자들은 사형 제도를 폐지해야 한다고 주장한다.

그렇다면 반대로 유지론자들은 어떤 이유에서 사형 제도를 찬성할까? 사형 제도가 범죄 예방에 효과가 있다는 것이다. 사형이 집행될 수 있다는 가능성만으로도 충분히 범죄를 줄일 수 있다는 생각이다. 사형은 범죄자에 대한 처벌뿐 아니라 사회적 보복의 역할도 할 수 있다. 사형 제도는 가장 죄질이 나쁜 범죄에 대한 엄격한 처벌이며 범죄를 예방하고 사회 안전을 유지한다. 사형이 범죄자의 재범을 막는 효과가 뚜렷하며 법 집행 기관의 권위를 세우기도 한다. 엄격한 처벌을 통해 범죄에 대한 효과적인 대응책을 마련한다. 사형을 구형받은 범죄자의 범죄는 그만큼 중대하다. 강력 범죄에 대해서는 가장 엄격한 처벌이 필요하며 그런 시스템이 유지될 때 사법 체계의 균형이 유지된다. 사형 집행이 장기간의 감금 및 법적 공방 비용을 줄이고 국가에 경제적 이점을 제공하기도 한다.

강력 범죄가 발생할 때마다 대두되는 것이 사형제 논란이다. 대안으로 금고 및 감호나 사회 봉사, 재활 및 교육 프로그램이 언급되기도 하지만, 전자 감시 장치나 벌금을 통해 범죄에 대한 처벌을 해야 한다는 주장도 있다. 여전히 사형제를 시행해야 한다는 여론도 만만치 않다. 과연 사형제가 가장 최선의 방법인지, 이를 대처할 유익한 방법은 없는지 사회의 전반적인 논의가 필요하다.

## 어떻게 생각할 것인가

사형 제도에 대한 찬반 의견을 살펴보며 사형제에 대한 나의 선입견은 어떤 것이 있는지 생각해보자. 나에게 어떤 선입견이 존재하는지 알아야 한쪽으로 치우친 결정을 하지 않는다. 나의 선입견을 이해하면 다양한 사람들의 생각을 이해하고 공감하는 데 도움이 된다. 서로 다른 선입견을 나누다 보면 갈등이 줄고 협력과 소통을 강화할 수 있다. 특정 집단이나 개인에 대한 편견 없는 태도를 유지해준다. 이는 사회적 평등과 정의를 증진한다. 편견을 인식하는 순간 그것에 대처할 수 있다. 이렇듯 편견이 있다는 것을 인지하는 것은 매우 중요한 과정이다. 편견이 개인이나 집단의 관계에서 부정적인 영향을 미치기 때문이다.

사형 제도에 대한 나의 선입견에는 어떤 것이 있을까? 그 선입견은 어디에서 비롯된 것일까? 선입견은 문화와 종교의 영향을 받는다. 어떤 문화나 종교에서 생활하느냐에 따라 사형에 대한 태도가 달라진다. 어떤 종교와 문화에서는 사형이 허용되기도 하지만 반대의 경우도 있다. 내가 가진 사형에 대한 기본 태도는 내가 가진 종교의 영향을 받을 수 있다. 또 미디어도 영향을 준다. 미디어가 범죄와 사형에 대해 보여주는 태도가 우리의 선입견을 만든다. 가치관과 도덕적 신념도 영향을 미친다. 범죄자에 대한 엄격한 처벌이 필요하다고 생각하기도 하고, 사회적 안전과 정의를 중요시하는 가치관을 갖기도 한다. 이에 따라 판단이 달라진다. 교육 수준과 정치적인 성향에서도 영향을 받는다. 자신이나 주변 사람들이 범죄에 노출되었던 경험에 따라 생각이 달라지기도 한다. 범죄에 노출된 경험은 범죄에 대한 강력한 처벌의 필요성을 생각하게 하여 사형에 우호적인 태도를 만들기도 한다. 이처럼 다양한 요소들이 나의 생각을 결정한다. 나의 선입견은 무엇에 의해 어떻게 형성되는지 파악할 때 더 이성적인 판단을 할 수 있을 것이다.

##  비판적 사고력 UP!

**1.** 사형 제도에 대한 나의 선입견은 무엇인가?

**2.** 선입견이 생긴 배경은 무엇인가?

**3.** 선입견을 알고 난 후 사형 제도에 대한 내 생각의 변화가 있었는가?

# 06 경로 우대인가, 무임승차인가

사회 보장 제도에서 복지 서비스 대상 중에 노인이 있다. 2021년 노인의 기준 연령은 주택 연금과 국민연금(노령연금), 경로 우대 제도, 노인 맞춤 돌봄 서비스, 기초 연금, 노인 장기 요양 보험 등에서 65세 이상이다. 고용상의 정의에 따르면 고령자는 55세 이상인데 노인 실태 조사에서 노인이 생각하는 노인 연령은 70세였다. 노인을 대상으로 하는 사회 보장 제도의 연령 기준은 대부분 65세이고 근로자의 정년은 60세인데 실제 본인이 생각하는 노인 연령 기준은 70.5세이다. 의료 기술의 발달과 생활 환경의 개선, 경제 수준의 향상 등으로 기대 수명이 늘어나고 있다. 우리나라의 기대 수명은 1970년 62.3세에서 2019년 83.3세로 늘어났다. 이에 따라 고령화는 저출산과 함께 국민연금 등 복지 재정 문제의 주요 원인으로 지목받고 있다.

노인들이 건강 상태가 좋아져 일할 수 있는 조건이 되었지만 정년이 60세인 것도 문제다. 노인 무임승차제의 경우 65세 이상의 노인을 대상으로 하고 있지만, 그에 따라 너무 많은 재정이 소요되는 것도 사실이다. 전체 65세 이상이 인구의 16.1%에 이르기 때문이다. 2025년에는 20%가 되어 초고령 사회가 될 것이다. 이러한 상황 때문에 노인의 나이 기준을 상향하자는 의견이 대두되었다. 노인 기준 연령을 65세에서 70세로 올리면 23년 기준 약 269만여 명이 노인 혜택에서 제외되기 때문이다. 일할 수 있는 노인에게 일자리를 마련해주고 혜택을 줄이자는 차원에서 노인 기준 연령을 상향하고자 하는 움직임이 시작된 것이다.

경로 우대 제도는 노인 복지법 제26조에 규정되어 있다. 국가 또는 지방자치단체는 64세 이상의 자에 대해 수송 시설 및 공공 시설을 무료로 또는 그 이용 요금을 할인해준다는 내용이다. 지하철 무임승차나 철도 할인, 박물관과 고궁 무료입장 등 고령자에 대한 각종 혜택의 기준이 되는 조항이다. 하지만 노인의 나이를 올릴 경우 65세 이상 노인 10명이 누리던 혜택을 7명만 받을 수 있다. 너무 많은 재정이 소요되지만 일할 수 있는 노인과 혜택을 받아야 하는 노인이 존재하기에 쉽게 결정을 하지 못한다.

정부에서는 2020년 현행 제도의 할인율이나 적용 연령, 다양한 요인을 종합적으로 검토할 경로 우대 제도 개선팀을 만든다고 했다. 하지만 어떤 것이 합리적인 방안인지에 대해서는 아직 사회적 합의가 필요한 부분이라 결정을 하지 못하고 있다. 석재은 한림대 사회복지학과 교수는 "지하철 무임승차 기준 연령은 당장 올릴 수 있겠지만 기초 연금 같은 노후 자금과 관련된 사안은 정년 연장 등 고령층 경제 활동이 보장되지 않고서 나이 기준을 조정해 쉽게 끊을 수 없다"고 했다. 노인 연령 조정은 정년 연장과 고령층 경제 활동 참가 증가 등 노동 시장 변화에 맞춰 유연하고 탄력적으로 조정해 나가야 할 것이라고도 했다.

사회의 변화와 각계각층의 의견을 수렴하여 상황에 맞는 결정을 준비해야 할 것이다. 실제 일할 수 있는 노인과 혜택을 받아야 하는 노인 사이에서 합의가 이뤄지지 않아 노인 기준에 대한 각계의 의견이 충돌하고 있다.

## 어떻게 생각할 것인가

노인을 결정하는 나이 상향에 대해서는 의견이 다양하다. 자신이 처한 위치나 상황에 따라 다른 의견을 제시하기 때문이다. 우리가 비판적으로 생각하기 위해서는 이러한 다양한 부류의 의견을 종합해보는 것이 필요하다. 다양한 의견은 열려 있는 시각을 얻게 한다. 여러 관점에서 문제나 주제를 바라보게 하고 생각을 확장해준다. 또 논리적이고 타당한 생각의 틀을 만들어준다. 다양한 의견을 정리하면서 생각하는 힘을 기를 수 있다. 개인이 갖고 있던 편견을 극복하고 사회적으로 복잡한 문제에 대해서 접근하는 힘을 기를 수 있다. 대화와 협업 능력도 향상된다. 비판적으로 생각하고 의견을 거르는 과정에서 타인의 입장을 이해하고 공감할 수 있다. 정보 평가 능력도 늘어난다. 쓸데없는 정보와 중요한 정보를 가려서 판단할 수 있기 때문이다. 신뢰할 수 있는 자료와 견해를 식별하는 능력을 가지게 되고, 이러한 모든 과정을 통해 자신을 성장시키고 발전할 수 있는 기회를 만들 수 있다.

노인 기준 연령 상향에 대한 각계의 의견은 어떤 것들이 있을까?

2022년 엠브레인퍼블릭, 케이스탯리서치 등이 만 18세 이상 남녀 1천 2명을 대상으로 진행한 전국 지표 조사에 따르면 '기초 연금 수령, 지하철 무료 승차 등 혜택이 주어지는 노인 연령을 만 65세에서 70세로 상향하는 방안'에 대해 찬성한다는 응답이 62%로 나타났다. 정년을 만 60세에서 65세로 연장하는 것을 두고는 찬성이 84%, 반대는 13%였다. 통계청이 2019년 기준으로 발표한 자료에 의하면 우리나라 2020년 노년 부양비는 21.7%이다. 2030년 노인 인구가 전체 인구의 4분의 1을 차지하며 2080년에는 전체 인구의 50%가 노인이 될 거라고 전망했다. 노인이 이처럼 증가하면 노인을 부양해야 하는 청년 인구층이 그만큼 줄어든다. 이는 젊은 층에게 노인 부양 부담이 가중된다는 것으로 이를 예방하기 위해 노인의 나이를 상향 조정해 혜택을 줄여야 한다는 의견도 있다.

이처럼 수치를 활용하여 다양한 의견을 들어보면 노인 나이 기준에 대하여 자신의 생각을 정립하는 데 도움이 된다.

## 🏠 비판적 사고력 UP!

1. 노인 기준 연령 상향에 대한 나의 의견은 어떠한가?

2. 의견의 근거는 무엇인가?

3. 내가 노인이 되었을 때 지금 나의 주장에 대해 동의할 수 있는가?
   동의하기 어렵다면 이유는 무엇인가?

# 반려동물을 키우면 세금을 내라고?

우리나라 반려동물 가구수가 2022년 기준 전체 가구의 15%를 넘어섰다. 반려동물이 급격하게 늘어나는 상황에서 정부가 반려동물 보유세에 대한 검토에 들어갔다. 반려동물로 인한 사건, 사고가 발생하면서 동물 복지나 유기 동물에 대한 사람들의 관심이 늘어났기 때문이다. 반려동물 보유세란, 반려동물을 키우는 사람에게 매년 일정 금액의 세금을 내도록 하는 것이다. 이렇게 거둔 세금으로 동물 복지나 동물 관리를 위해 쓰겠다는 취지다. 해마다 유기되는 동물이 10만 마리 이상 발생하면서 구조 및 보호 비용이 필요하다. 반려동물을 키우는 사람들이 반려동물과 관련된 사회적 문제 비용을 지불해야 한다는 취지에서 제안된 정책이다. 반려동물을 키우면서 더 책임감을 가지고 무책임한 학대나 유기을 피하기 위해 세금을 내자는 것이다. 하지만 이것에 대한 찬반 의견이 강하게 대립된다. 반려동물 보유세 도입에 대해서 국민 의견을 묻는 것조차 거센 반발에 부딪힐 정도이다. 도대체 어떤 이유에서 반대하는 것일까?

반려동물 보유세를 반대하는 편에서는 세금이 과연 동물 학대 예방에 효과가 있을지 의구심을 갖는다. 오히려 반려동물을 키우는 세대의 부담만 늘릴 수 있다는 주장이다. 이런 경제적 부담이 계속될 경우 유기되는 동물이 늘어날 수 있다는 우려도 생긴다. 이미 반려동물을 키우는 데 많은 비용이 드는데 세금까지 부과된다면 문제가 커질 거란다. 돈 없는 사람은 아무리 반려동물을 사랑해도 키울 수 없다는 논리가 발생하는 것이다. 또 반려동물에서 소득이 발생하지도 않는데 세금을 걷는 게 문제라고 보기도 한다. 세금은 소득이 있는 곳에서 발생하는 것이 맞다는 주장이다. 실질적으로 누가 반려동물을 키우는지 파악이 어려워 과세 징수에 어려움이 있기도 하다. 세금 부과 대상을 정하는 것부터가 어려운 과제이기 때문에 반대하는 것이다. 보유세로 인해 반려 인구가 감소되고 펫 산업이 어려워질 것을 걱정하기도 한다. 이미 동물 등록 의무화나 동물 판매업 허가제 등의 규제가 있는데 보유세까지 생기면 과도한 규제가 될 가능성도 있다는 것이다.

찬성 의견을 가진 사람들은 세금으로 인해 반려동물의 의료 체계가 정비되고 반려동물 문화가 성숙해질 것을 기대한다. 자격 없는 사람이 반려동물을 기르지 못하게 하고 반려인의 조건을 강화하면 더 책임감 있게 동물을 키워 동물 학대도 감소될 것이라고 보는 것이다. 최근 10년간 22만 마리나 안락사된 유기 동물의 입양도 촉진될 것이다. 유기 동물을 입양하는 경우 면세 혜택을 주면 입양을 늘릴 수 있다. 개나 고양이를 싫어하는 사람이나 걸어가다 수시로 마주쳐 위협을 느끼거나 스트레스를 받는 사람에게 도움이 된다. 산책로에 널려 있는 배변으로 불쾌감을 일으키는 것에 대한 사회적 책임도 늘릴 수 있다. 세금으로 동물 학대 전담 경찰제를 도입하면 동물 학대 방지에 도움이 된다.

이처럼 반려동물 보유세에 대한 다양한 의견을 알아보았다. 해외 사례와 더 다양한 분석을 통해 반려동물 보유세에 대한 논의를 이어가야 할 것이다.

## 📖💡 어떻게 생각할 것인가

통계와 데이터를 활용해 비판적 사고력을 기를 수 있다. 통계와 데이터를 해석하면서 의사 결정을 하면 더 분명한 의견을 가질 수 있다. 다양한 소스에서 데이터를 수집하고 그 신뢰성을 검증하는 과정이 비판적 사고력을 기르는 핵심 과정이다. 데이터의 출처나 수집 방법, 샘플 크기 등을 확인하여 좀 더 정확한 데이터를 사용하면 신뢰성을 확보하는 데 도움이 된다. 데이터를 비교하고 대조하는 과정에서 어떤 패턴이나 트렌드를 발견할 수 있다. 이렇게 근거에 기반한 의사 결정을 하고 문제 해결 과정에 적용하면 어떤 어려운 문제라도 해결하는 힘을 기를 수 있다. 그렇다면 반려동물 보유세의 데이터를 살펴보자.

| 국가명 | 보유세 | 비고 |
|---|---|---|
| 독일 | 26만 원<br>(맹견 107만 원)<br>몸무게 기준<br>최대 80만 원 | 개 탁아소 훈련 수료 후 입양 가능<br>반려견 마이크로칩 신분증 이식 필수<br>반려견 대중교통 수단 이용 가능 |
| 네덜란드 | 17만 원 | 2마리 키울 경우 50만 원<br>암스테르담 제외 355개 지자체 중 193개에<br>세금 있음. 마이크로칩 신분증 필수<br>배변 봉투 미소지자 벌금 13만 원 |
| 중국 | 17만 원 | 첫 등록 시 등록비 60만 원<br>35cm 이하 반려견만 가능 |
| 스위스 | 14만 원 | 베른주 기준 |
| 호주 | 12만 원<br>(맹견 45만 원) | 중성화 수술 시 세금 감면 |
| 캐나다 | 7만 원 | 중성화 수술 시 세금 감면<br>고양이도 세금 부과<br>(약 1~2만 원 수준) |

각 나라의 반려동물 보유세 데이터를 통해 무엇을 알 수 있을까? 첫 번째, 많은 나라에서 반려동물 보유세를 지정하지 않았다는 것을 알 수 있다. 표에 있는 나라만 보유세를 부여하는 것은 아니지만 몇몇 나라에서만 반려동물 보유세가 부여되고 있다는 것을 알 수 있다. 둘째, 보유세의 기준이 나라마다 천차만별이다. 우리나라의 경우 어느 정도 수준에서 결정해야 할지 고민스러운 부분이다. 나라의 경제 상태나 국민 소득, 반려동물 수 등 고려해야 할 것이 많다. 이 모든 부분을 적용해서 세금을 정하더라도 모든 대상에게 적절한 수준인지는 판단이 어렵다. 기준을 정할 때 고려해야 할 것이 많고 쉽지 않은 결정임을 알 수 있다. 셋째, 비고란의 내용을 보면 기준으로 삼을 나라가 딱히 없다. 문화와 환경이 다르고 나라별 특색을 살려야 하기에 어느 한 나라를 벤치마킹하기는 어렵다. 또 참고로 삼을 나라 수도 충분하지 않다.

이처럼 통계와 수치, 데이터를 이용해 자료를 찾으면 주제를 분석하는 데 도움이 된다. 정확한 데이터를 통해 사고하는 습관을 갖는다면 논리적 사고력을 키우는 데 큰 힘이 될 것이다.

##  비판적 사고력 UP!

1. 우리나라에 반려동물 보유세가 생기는 것에 찬성인가, 반대인가?
2. 첫 번째 주장의 근거는 무엇인가?
3. 만약 우리나라에 반려동물 보유세가 생긴다면 기준이 될 근거를 쓰고 이유를 설명해보자.

상속세는 부동산, 금융자산, 기업 지분 등을 상속받은 법적 상속자가 그에 대해 지불하는 세금이다. 상속세를 부과하는 이유는 다양하다. 정부가 추가적인 재원을 확보하기 위함이다. 정부가 공공 서비스를 유지하고 국가의 다양한 사회 경제적 요구를 충족시키기 위한 자금 조달 수단으로 활용된다. 부의 불평등을 완화하고 사회적인 공평성을 증진하려는 목적도 있다. 부자 가족이 대를 이어 부를 유지하거나 증가시키는 것을 제한한다. 부동산이나 기업의 상속 재산을 효과적으로 조절하는 수단이 되기도 한다. 특정 부동산 시장이나 산업 부분에서 과도한 부의 축적을 막을 수 있도 있다. 다양한 수입원을 통해 세수를 다변화하고 안정시킨다. 모든 상속자들이 동일한 기준과 비율에 따라 납세하면서 공정한 세법 체계 유지에 기여한다.

하지만 자유 시장 경제에서 상속세를 통해 부의 재분배를 하는 것이 과연 옳은가에 대한 의문이 제기되고 있다. 상속세를 폐지해야 부자 계층이 물려받은 재산을 투자에 활용에 더 많은 경제적 이익을 창출할 수 있다는 것이다. 소득세를 이미 지불하고 있는데 상속세까지 더하면 이중 과세로 부담이 된다. 2023년 한국경영자총협회가 조사한 바에 따르면 상속세를 폐지하고 자본 이득세 등으로 전환해야 한다는 응답이 가장 많았다. 또 현행 상속세 최고 세율에 대한 부정적 인식이 85%나 됐다. 응답자 10명 중 9명이 상속세가 기업가 정신을 약화하고 코리아 디스카운트를 심화시킨다고 인식했다. 상속세가 기업가 정신에 영향을 미치는가에 대한 설문에 매우 크게 작용한다는 대답도 47.9%, 일정 부분 작용한다는 응답도 45.7%나 나왔다. 상속세 부담으로 한국 기업의 오너들이 주가 부양에 소극적이거나 오히려 낮은 주가를 선호하는 경우도 생겨 코리아 디스카운트를 심화시킨다는 응답도 96.4%에 달했다. 상속세 부담이 과도해 자녀에게 승계를 원하지 않는다는 응답도 68.6%였다. 현재 피상속인 유산 전체에 과세하는 방식에서 유산 취득세 방식으로 전환하는 게 바람직하다는 의견도 82.1%였다. 유산 취득세는 상속인 개개인이 실제로 취득한 재산에 대해 과세하는 방식이다. 이는 실제로 부담하는 상속세를 줄이는 효과가 생긴다. 젊은 기업인들은 기업의 발전을 위해 과중한 상속세 법률을 합리적으로 개편하기를 바라고 있다.

우리나라의 상속세는 최대 60%까지 부여하고 있다. 나라의 전체 세수의 1%라 재정 확보에 큰 영향을 주지는 않으면서 기업 경영에 부담을 준다는 의견이 많다. 경제협력개발기구(OECD) 평균인 24~25% 정도로 낮추어야 한다고 주장한다. 또 일부 기업에 부담이 되는 부분은 폐지해서 높은 상속세 부담으로 승계를 포기하지 않도록 해야 한다는 의견도 있다. 상속세로 인한 문제가 제기되면서 상속세 폐지에 관한 논란이 계속될 전망이다.

## 📖💡 어떻게 생각할 것인가

우리나라의 상속세 폐지 흐름을 살펴보면서 세계 각국의 차이를 비교해 보는 것은 의미 있는 일이다. 지역 및 문화의 차이를 알면 세계 문화의 이해와 각 문화를 존중할 토대를 마련할 수 있다. 그 안에서 우리나라만의 특색을 알고 그에 알맞게 제도를 변경할 수 있음을 이해하기 쉬워진다. 각 나라별로 상속세가 다른 이유는 무엇일까? 각 나라의 경제 상황과 예산, 정책 목표에 따라 상속세가 결정된다. 사회적 구조가 어떻게 짜여 있느냐에 따라 상속세의 필요성과 수준도 달라진다. 세계의 상속세 추이를 살펴보면 우리나라 상속세의 변화 방향도 살펴볼 수 있을 것이다.

현재 OECD 38개 국가 중 상속세가 있는 국가는 24개국, 없는 국가는 14개국이다. 근대적인 상속세 제도는 영국에서 시작됐다. 18세기 말에 상속되는 물품에 대해 부과하다가 19세기 말 사망 전 증여에 대해 세금을 부과하기 시작했다. 영국의 상속세율은 상속받는 재산의 가치에 따라 변동한다. 호주나 캐나다, 스웨덴에서는 상속세 대신 상속받은 재산을 향후 처분하는 시점에서 발생하는 차익에 대해 과세하는 자본 이득세를 운영하고 있다. 영국에서는 40%인 상속세율을 단계적으로 인하 후 폐지하겠다고 밝혔다. 국가의 재정 수입보다 경제의 흐름을 살리는 것이 더 중요하다는 판단이다. 부자뿐 아니라 집 한 채가 전 재산인 개인에게도 상속세가 부여돼 폐지가 필요하다고 판단했다. 세율이 70%에 육박했던 스웨덴도 2005년 상속세를 폐지했다. 대신 상속 재산을 처분할 때 자본 이득에 대해 과세하는 체계로 바꾸었다. 미국은 배우자 상속분에 대한 상속세는 완전 면제하고 있다. 호주나 캐나다, 뉴질랜드는 아예 상속세가 없다. 중국도 부동산 양도세 등은 존재하지만 상속세는 폐지한 상태이다. 이런 시대의 흐름 속에서 우리나라의 상속세는 어떻게 변화하면 좋을지 생각해보자. 상속세의 존재 이유와 폐지 상황을 고려하여 나만의 판단을 정해볼 수 있을 것이다.

 **비판적 사고력 UP!**

1. 상속세 부과에 대한 다른 나라의 흐름은 어떠한가?
2. 상속세에 대해 우리나라가 기준으로 삼을 나라가 있다면 어디인가? 그리고 그 이유는 무엇인가?
3. 상속세 부과에 대한 나의 의견과 이유를 설명해보자.

# 09 죽음도 선택할 권리가 있다

안락사는 그리스어로 '아름다운 죽음'이라는 뜻이다. 회복의 가망이 없는 중환자의 고통을 덜어주기 위해 인위적으로 생명을 단축시켜 사망케 하는 의료 행위이다. 안락사는 수단에 따라 '적극적 안락사'와 '소극적 안락사'로 나뉜다. 적극적 안락사는 약물 등을 사용하여 환자를 죽음에 이르게 하는 행위이다. 불치병의 환자나 아주 심한 고통의 환자, 의식이 없는 환자를 약물을 통해 사망하게 만든다. 치사량의 약물이나 독극물을 직접 주사하는 것이다. 적극적 안락사는 의학적, 종교적, 법률적으로 인정하지 않는다. 환자가 힘들어해 고통을 없애려 했다는 이유라도 용납되지 않는다.

소극적인 안락사는 두 가지로 나뉜다(위키백과 참고). 소생이 불가능한 환자에 대해 의학적으로 의미가 없는 치료를 중단하는 존엄사가 있다. 존엄사는 치료가 불가능한 환자의 자연적인 죽음이고 소극적 안락사는 의도된 죽음이라고 할 수 있다. 환자의 소생 가능성과 무관하게 환자나 가족의 요청에 따라 생명 유지에 필요한 영양 공급이나 약물 투여를 중단하는 소극적 안락사도 있다. 존엄사는 최소한의 진통이나 영양, 물이나 산소의 공급은 이뤄지지만, 소극적 안락사는 모든 생명 유지에 필요한 공급을 끊는 것을 의미한다. 또한 동의 여부에 따라서도 달라진다. 환자의 직접적인 동의에 따라 약물 주사를 투입하는 자발적 안락사와 스스로 선택할 수 없는 경우 비자발적 안락사로 나뉜다.

안락사는 전 세계적으로 논쟁이 되고 있다. 특히 적극적 안락사와 비자발적 안락사가 논쟁의 주요 대상이다. 전문가들은 연명 치료가 중단되면 존엄사나 소극적 안락사라고 말하기도 하는데, 이는 경제적 조건이 열악한 경우 환자를 죽음으로 내몰게 되는 이유가 될 수 있다. 스위스나 벨기에, 네덜란드, 룩셈부르크, 프랑스 등이 제한적인 안락사를 도입한 걸 제외하고 현재 많은 나라에서 안락사를 허용하지 않고 있다. 하지만 여전히 많은 나라에서 안락사 도입 여부를 논의 중이다.

우리나라에서는 1997년 보라매 병원 사건으로 안락사가 처음으로 문제시되었다. 술에 취해 넘어져 머리를 다친 환자가 인공호흡기에 의해 생명을 유지하고 있었다. 환자의 보호자가 병원비를 낼 수 없다며 퇴원을 요구했다. 의사는 말렸지만 보호자의 강한 요구로 죽을 수 있음을 알리고 퇴원시켰다. 인공호흡기를 제거하자 환자는 죽었고 보호자에게 살인죄가 적용되었다. 환자가 죽을 수 있는 것을 알고도 호흡기를 제거한 의료진에게 살인죄 혹은 살인방치죄를 적용했다. 이후 전국의 병원에서는 살인방치죄 기소를 면하기 위해 회생 가능성이 없는 환자의 퇴원을 거부하기 시작했다.

하지만 여전히 환자의 남은 삶이 무의미하고 환자에게도 좋은 죽음에 대한 권리가 있다며 안락사를 허용하자는 찬성 의견도 존재한다. 가족의 고통과 부담을 줄이고 환자의 고통을 경감하며 의료비 및 돌봄으로 인한 사회적 부담을 줄이자는 취지에서 찬성하는 견해도 있다. 안락사 찬성은 자살을 합법화한다는 반대 견해와 더불어 찬반 의견이 분분한 논쟁 주제이다.

## 📖 어떻게 생각할 것인가

이슈가 되는 문제에 대해서 우리는 자주 '왜?'라는 물음을 던져봐야 한다. 질문은 단순히 정보를 받아들이는 차원을 넘어 그 문제에 대한 깊이 있는 이해와 사고를 촉진하기 때문이다. 단순히 표면적인 이유를 넘어서 근본적인 원리에 대해 생각할 기회를 얻게 한다. '왜?'라는 질문은 그 뒤에 숨은 논리를 파악하고 가정을 이해하도록 도와준다. 비판적인 생각 없이 정보를 받아들이지 않고 의문을 갖고 자세히 살펴보게 하여 근본적인 이슈에 대한 생각을 할 수 있게 도와준다. 왜 그런지 자꾸 되묻는 사고를 통해 어떤 목표를 향해 나아가는 과정을 점검할 수 있는 힘도 길러준다. 안락사에 대해서도 질문을 던져보자.

"왜 안락사가 논란이 되고 있을까?"

안락사를 도덕적, 종교적, 의료적 측면에서 생각해보면 좋다. 도덕적인 측면에서 생각해보자. 인간의 생명을 유지하고 끊는 것에 대해 인간이 결정할 수 있을까? 생명의 존엄성이나 인간 생명의 가치나 죽음의 의미 등은 심오한 철학적 논제이다. 그 누구도 쉽게 답을 내릴 수 있는 주제가 아니다. 환자의 극심한 고통이 죽음을 대신할 수 있다는 근거도 없다. 고통을 줄이기 위해 대신 죽음을 선택한다면 그것의 도덕적 딜레마를 설득하기 쉽지 않다. 종교적 차원에서 안락사는 인간 생명의 존엄성을 해치는 행위이다. 신이 창조한 인간의 생명을 무시하거나 종료하는 것을 인간이 결정할 수 없다는 입장이다. 생명과 죽음에 대한 권리가 신에게 속한다고 믿는 종교에 있어 죽음은 특별한 의미이다. 죽음을 스스로 결정한다거나 타의에 의해 행해지는 것은 종교인의 입장에서는 수용하기 힘들다. 고통과 희생이 영적인 성장의 근거나 속죄의 수단으로 이뤄지는 부분인데 이를 피하기 위해 죽음을 택한다는 것을 용서할 수 없다는 것이다.

또 의료적으로 안락사는 의사의 진단과 치료, 회복의 의무를 어떻게 정의하느냐에 대한 의문을 제기한다. 안락사가 의사의 기본적인 역할과 충돌하며 의사와 환자 관계를 혼란스럽게 만든다. 안락사가 최선의 이익을 보장하는 의료적 행위인지에 대한 의문도 생긴다. 환자가 죽음에 이르기까지 가장 편안한 관리와 지원을 해야 하는 호스피스 의료 접근법에 위반되기도 한다.

안락사가 최선의 선택인지에 대한 질문을 통해 우리는 안락사에 대해 깊이 있게 생각해보았다. 왜 안락사가 문제가 되는지 뿐 아니라 다른 질문들도 생각하고 답해보며 그 문제에 대해 좀 더 심도 있는 생각을 정리해나갈 수 있을 것이다.

 ## 비판적 사고력 UP!

1. 안락사에 관련된 질문을 더 만들어보자.

2. 1번에서 만든 질문 중 하나를 골라 답해보자.

3. 질문하고 답하는 과정에서 어떤 점을 알게 되었으며
   자신의 의견이 어떻게 달라졌는지 적어보자.

2023년 신림역과 서현역 인근에서 흉기 난동을 벌인 강력 범죄자의 이름과 나이, 얼굴이 잇따라 공개되었다. 범죄자 신상 공개를 통해 유사 범죄 및 재범 예방, 사회 안전을 강화하겠다는 목적이다. 2010년 신상 공개 제도가 도입된 뒤 지금까지 신상정보공개심의위원회가 열린 건 모두 76차례다. 신상 공개가 결정된 피의자는 모두 49명에 이른다. 신상 공개는 범죄자나 특정 상황에서 개인의 신상 정보를 대중에게 공개하는 제도이다. 성폭행이나 아동학대, 살인 등 중대한 범죄를 저질렀거나 사회에 큰 위협을 가하는 범죄자에 대해 신상 공개가 이뤄졌다. 언론 매체나 인터넷, 법정 공지 등 다양한 방식으로 공개된다.

　신상 공개의 기준은 네 가지로 범행이 잔혹하고 피해가 클 것, 범죄 증거가 충분할 것, 알 권리 보장 및 재범 방지 등 공공의 이익이 있을 것, 피의자가 청소년이 아닐 것을 기준으로 한다. 마지막 조항만 정확한 기준이라 나머지는 모두 자의적 판단의 우려가 존재한다. 또한 형평성 논란도 있다. 그렇다면 범죄자 신상 공개의 장단점은 무엇일까?

　강력 범죄자의 신상 공개는 범죄와 관련되지 않은 주변인에게 피해를 줄 수 있다. 아이가 있는 경우 아무 잘못도 없이 범죄자의 자녀라는 인식으로 피해를 입을 수 있다. 가족이라는 이유로 죄를 묻는 연좌제는 끊어내야 한다. 또 형벌은 처벌보다 교화를 목적으로 두는데 신상 공개는 법적으로 처벌을 받고 난 후의 삶까지 망가트릴 수 있다. 공개 기준 또한 정확하지 않아 문제다. 국민의 공분을 사거나 요구가 많은 경우는 빠르게 신상 공개를 하지만 강력 범죄임에도 관심이 적은 경우는 공개 없이 넘어가기도 한다. 정확한 판단 기준도 없이 하는 신상 공개는 누구에게도 도움이 되지 않는다.

　찬성하는 쪽에서는 이 의견에 반박한다. 신상 공개는 국민의 알 권리라는 것이다. 주변에 강력 범죄자가 살고 있는데 그것을 밝히지 않을 경우 국민이 더 위험해질 수 있다고 주장한다. 신변의 위협을 당할 수 있음을 알고 조심할 수 있는 환경을 마련해주어야 한다. 헌법에서 보장하는 알 권리를 지켜주기 위해서라도 범죄자 신상을 공개해야 한다는 것이다. 공개된 신상으로 인해 범죄자의 재범을 막고 보복할 가능성을 낮춘다. 심리적으로 위축된 범죄자가 다시 범죄를 저지를 가능성을 낮추는 효과가 있다고 본다. 피해자가 당한 고통을 범죄자도 느껴보면서 벌을 주어야 한다는 주장도 찬성의 근거가 되고 있다.

강력 범죄가 기승을 부리는 상황에서 범죄자의 인권과 시민의 알 권리가 충돌하고 있다. 이에 명확한 기준 없이 이뤄지는 신상 공개는 더 많은 문제를 야기할 수 있다. 그러므로 신상 공개에 대한 정확한 기준이 일괄적으로 적용될 수 있도록 제도의 정비가 필요하다.

## 📖 어떻게 생각할 것인가

찬반의 의견을 알아보면 판단하기 어려운 순간이 생긴다. 어느 쪽의 이야기도 타당하고 이유가 있기 때문이다. 이럴 때 판단을 도와주는 것이 다양한 사례를 찾아보는 것이다. 사례를 찾아보면 어떤 사례에서 실제적인 문제가 발생하는지 파악하기가 쉬워진다. 프라이버시를 존중하는 것과 피해자가 될지도 모를 사람을 보호하는 것 사이에서 어떤 판단을 내리는 게 좋을지 생각해보는 기회가 된다. 또 진짜 신상 공개가 우후죽순으로 정확한 기준 없이 이뤄지는지도 알아볼 수 있다. 그렇게 제도의 문제가 드러나는 사례를 찾다 보면 그것을 보완할 수 있는 기준의 필요성을 절감할 수 있다. 결국 이 모든 것을 종합하여 장점은 살리고 단점을 보완할 명확한 기준을 만드는 것이다. 그렇다면 실제 사례를 통해 이 생각을 정리해보자.

2023년 잇따른 강력 범죄와 신상 공개가 이어지면서 신상 공개가 과연 형평성 있게 이뤄지고 있는지에 대한 의문이 제기되었다. 범죄자 신상 공개가 무죄 추정의 원칙에 어긋나고 범죄 예방 효과도 크지 않다며 신상 공개에 부정적인 견해도 있다. 실제 신상 공개가 이뤄졌던 사건을 살펴보면 한 명을 살해한 PC방 살인 사건 피의자는 공개했지만 두 명을 살해한 고시원 살인 사건은 인권 침해를 이유로 비공개했다. 외국인 피의자를 대상으로 한 사건에서 하나는 외국인 범죄 예방을 목적으로 공개했지만 한 건은 국적에 대한 오해 가능성을 이유로 비공개 처분이 내려졌다. 이는 형평성이 발현되지 못한 사례이다. 신상 공개 기준이 모호한 것을 알 수 있다.

신상 공개가 되어서 이로웠던 사례도 있다. 아동 실종 사건의 경우 피의자 신상 공개를 통해 빠른 관심을 모아 실종 아동을 찾는 데 도움이 되었다. 성범죄자 알리미를 통해 그 주변 여성들이 경각심을 갖고 스스로 위험한 상황을 피해 범죄를 예방하는 효과도 볼 수 있다.

반대로 허위 정보에 의한 신상 공개로 무고한 사람이 피해를 본 경우도 있다. 정확히 범인이 특정되지 않은 상황에서 어설픈 공개를 했다가 관계없는 사람이 다치는 경우다. 이처럼 신상 공개의 장단점이 드러나는 사례를 통해 신상 공개의 문제에 대해 더 깊이 있게 생각해볼 수 있다. 실제 사례를 통해 이해하니 더 생각하기 쉽고 판단을 내리기 쉬운 이점이 있다.

## 비판적 사고력 UP!

1. 범죄자 신상 공개의 이점이 있었던 사례를 찾아보자.

2. 범죄자 신상 공개가 오히려 역효과였던 사례를 찾아보자.

3. 두 사례를 비교하며 범죄자 신상 공개에 대한 나의 생각을 근거를 들어 설명해보자.

# Chapter 4

# 과학

# 동물 실험은 필요악인가

동물 실험은 새로운 치료제나 제품을 개발하고 안전성을 평가할 때 시행된다. 약물을 개발하는 과정에서 약물이 효과가 있고 안전한지를 동물 실험을 통해 결정하는 것이다. 약물의 부작용이나 최적의 용량, 투여 방법을 동물 실험의 결과로 정한다. 또 환경 오염 물질이 인간에게 어떤 영향을 미치는지를 파악하기 위해서도 동물 실험을 한다. 동물에게 어떤 영향을 미치는지를 바탕으로 인간에게 적용할지 여부를 결정하는 것이다.

우리가 사용하는 많은 의약품이나 화장품, 식품 등이 동물 실험을 통해 개발되었다. 생물학적 실험이나 독성 실험, 유전자 조작 실험 및 질병 연구 실험 등 다양한 분류로 나뉘어 시행되고 있다. 안전성이나 부작용을 실험할 때 인간에게 직접 적용이 어렵기 때문에 동물을 사용할 수밖에 없지만 동물에게는 굉장히 위험하고 폭력적인 상황이 될 수 있다며 동물 실험을 거부하는 의견이 많다. 동물과 인간이 같을 수 없는데 동물로 실험을 하는 것이 옳지 않다며 반대하는 것이다. 인간과 동물이 공유할 수 있는 질병은 1.16% 뿐이다. 인간은 약 3만 개의 질병을 가졌지만 동물과 비슷하게 전염되는 질병은 약 350개란다. 인간과 동물의 공통분모가 적고 개체의 특성이 다른데 동물 실험의 결과를 인간에게 반영한다는 것이 오류라는 주장이다. 또 동물 실험으로 만들어진 약물이 부작용을 일으킨 사례도 있다. 1976년 일본에서 판매된 설사 방지약이 동물 실험에선 안전하다고 입증되었지만 수많은 사람들의 시력을 잃게 했다. 이런 약품들을 통해 과연 동물 실험이 이대로도 괜찮은지에 대한 의문이 생겼다. 동물도 인간처럼 존중되어야 하고 소중한 존재인데 인간을 위해 실험의 대상으로 죽임을 당하는 것이 옳지 않다는 주장 또한 반대 의견의 주요 쟁점이다.

그럼에도 동물 실험이 불가피하다는 찬성 입장도 존재한다. 동물 보호법

제1항에 '동물 실험은 인류 복지의 증진과 동물 생명의 존엄성을 고려하여 실시하여야 한다'고 명시되어 있다. 두 가지를 함께 만족시킬 수 있는 변형된 동물 실험을 통해서 인간의 복지와 동물 생명의 존엄성을 유지할 수 있는 방안을 마련할 수 있을 것이라 주장한다. 동물 실험이 있었기에 백신을 만들었고 인간의 생명을 많은 질병에서 구할 수 있었다. 동물 실험으로 인해 더 많은 생명을 구한다면 그 또한 의미가 있다는 해석이다. 동물은 고통 감각이 많지 않아 고통을 덜 느낀다는 점도 그나마 위안이 된다고 한다. 자연에서도 약육강식이 이치인 만큼 자연스러운 현상에 대해 너무 많은 죄책감을 부여하지 않아도 된다고 주장한다. 단순한 생명 파괴가 아닌, 상위 계층인 인간의 생명 보호를 위한 수단이 바로 동물 실험의 가치라는 것이다. 동물 실험 이외에 이를 대체할 다른 확실한 대안이 존재하지 않는 것도 동물 실험을 피할 수 없는 이유다.

이처럼 동물 실험은 찬반 의견이 팽팽한 가운데 인간을 위해 동물 실험을 계속할지 여부는 앞으로도 뜨거운 이슈가 될 전망이다.

## 🔖💡 어떻게 생각할 것인가

사안에 대하여 의문을 제기하는 것은 비판적 사고력을 키우는 중요한 방법이다. 의문을 갖는다는 것은 사안을 그대로 받아들이지 않는다는 의미이기 때문이다. 주장이나 관점이 정확한지 의문을 갖고 진실을 찾아내려는 노력이 포함되어 있기에 중요하다. 다양한 관점을 검토하고 새로운 아이디어를 수용하며 성장해가는 과정이기도 하다. 이를 통해 자기 판단력을 키우고 문제의 본질에 가까이 다가갈 수 있다. 현재의 상태에 만족하지 않고 더 발전된 방향을 향해 나아가며 문제를 해결할 수 있는 힘도 길러준다. 동물 실험이 필요한가 필요하지 않은가에 대한 생각도 중요하다. 동물 실험의 찬반 의견을 통해 동물 실험이 필요악임을 알았다면 해결책이나 대안은 없는지 의문을 갖고 따져봐야 한다. 의문을 통해 대안을 생각하는 것은 더 나은 사고력을 만들어 나가는 데 도움이 된다.

동물 실험이 여러 가지 문제점을 갖고 있지만 꼭 필요하고 대안이 없다면 동물 실험을 최대한 안전하게 그리고 동물의 피해를 줄이면서 할 수 있는 방법을 생각해볼 수 있을 것이다. 이때 제시되는 것이 바로 동물 실험 최소화 원칙이다.

첫 번째는 대체 원칙이다. 이는 동물 모델을 다른 방법이나 시스템을 통해 대체하는 것을 의미한다. 시험관 내 실험이나 컴퓨터 모델링, 인공지능을 활용한 실험으로 바꿔 사용함으로써 동물 실험을 최소화하려는 노력이다. 예를 들어, 화장품 검사에서는 일부 화장품 테스트를 자원봉사자를 통해 실시함으로써 동물을 사용하지 않고 실험하도록 활용할 수 있다. 사용되는 동물의 수나 실험의 빈도를 최소한으로 감소시키는 것도 방법이다. 더 나은 실험 디자인과 실험실 간 데이터 및 조직 샘플 공유를 통해 실현할 수 있다. 실험 과정에서 동물의 고통을 최소화하도록 개선하는 것도 전략이다. 보다 자연스러운 환경에서 동물 실험을 하도록 개선하고 마취나 진통제 활용으로 동물의 고통을 최소한으로 줄인다. 동물을 잘 다루는 익숙한 연구자를 통해 실험함으로써 스트레스를 줄이도록 개선할 수도 있다. 수의사를 통한 건강 검진을 통해 동물의 건강을 수시로 체크해 주면서 환경을 개선할 수도 있다.

이처럼 동물 실험이 꼭 필요하다면 최소한의 동물 피해를 원칙으로 실험할 수 있도록 적극적으로 최소화 원칙을 활용할 수 있다. 이것이 동물의 고통도 줄이면서 인간에게 꼭 필요한 데이터를 얻는 최고의 대안이 될 것이다.

##  비판적 사고력 UP!

1. 동물 실험에서 최소한의 원칙은 무엇인지 정리해보자.
2. 동물 실험 최소한의 원칙이 대안이라고 생각한다면 이유는 무엇인가?
3. 동물 실험 대안이 될 수 있는 다른 방법에 대해 생각해보자.

# 인공지능이 창작을 한다고?

2023년 챗GPT라는 대화형 인공지능이 전 세계를 뜨겁게 달궜다. 그동안 인공지능이나 챗봇의 활용이 전혀 없었던 것은 아니지만 인공지능과 언어모델을 통해 자연스러운 대화를 하게 된 것은 대단히 놀라운 일이었다. 많은 사람이 인공지능과 대화하는 과정에서 크게 불편함을 느끼지 못했다고 한다. 이로써 사회 전반에 인공지능의 역할이 많은 부분 확대되리라는 전망이 나온다. 그중 문제가 되는 것 중에 하나가 인공지능의 창작에 관한 부분이다. 인공지능이 인간과 대화가 가능해지면서 인간이 원하는 상태의 예술 작품도 창작할 수 있게 되었다. 머지않아 인공지능이 만들어낸 소설이나 그림이 인간의 창의적인 작품을 능가할 것이라는 전망도 나온다. 예술 작품이라는 것은 완전히 무에서 유를 창조한다기보다 기존의 작품을 재해석하고 이해·분석하는 과정에서 새롭게 창조된다. 인공지능도 인간만큼 이 과정을 잘 수행할 수 있게 되었다. 인간이 만든 것보다 더 재미있고 더 아름다운 작품을 인공지능이 창작해낸다고 할 때 이 창작물에 대한 여러 가지 문제가 생겨날 수 있다.

우선 저작권과 소유권의 문제다. 인공지능이 창작한 작품의 저작권과 소유권은 누가 갖게 될까? 누가 실제 창작자이며 작품에 대해서 누가 권리를 가지는지 명확하게 정하기 쉽지 않다. 인공지능은 훈련된 시스템에 따라 데이터를 기반으로 학습한다. 데이터가 편향되어 있다면 그 결과물도 편향되어 있을 수밖에 없다. 지금도 계속해서 인공지능의 편향성에 대한 검증이 이뤄지고 있는 상황에서 인공지능이 만들어낸 창작물에 대해서는 실제 검증이 더 어려울 수 있다. 창작물의 공정성과 편향성을 다루기까지는 더 많은 사회적 합의가 이뤄지고 인공지능의 정제 과정이 필요하다. 인공지능이 예술 작품이나 음악, 글 등을 창작하는 과정에 대한 어떤 기준이 불분명

하다. 윤리적인 내용을 지켜서 창작한다는 기준 없이 우후죽순으로 창작할
수 있다. 이를 걸러낼 장치도 부족한 실정이다. 또한 예술적으로 가치 있는
작품을 만들어낸다는 보장도 없고 감상하는 사람마다 해석하는 기준도 달
라지게 된다. 인공지능의 창작물이 그만한 가치를 가질지 의구심이 들 수밖
에 없다.

인공지능이 창작한 예술 작품에 대해 국제적인 표준이나 공통된 접근 방
식을 만들기까지는 시간이 필요할 것으로 보인다. 하지만 현재 이보다 빠른
속도로 인공지능은 다양하게 활용되고 있다. 명확한 근거 없이 인공지능의
예술 작품이 무분별하게 양산되고 있는 지금, 그 작품의 평가나 활용에 대
한 합의점을 찾는 데 더 속도를 내야 할 것이다.

## 📖💡 어떻게 생각할 것인가

비판적인 사고를 하기 위해서 비판적인 질문을 해보는 것은 도움이 된다.
비판적 질문은 논리적인 사고를 기본으로 한다. 정보의 타당성과 근거에
대해 의문을 제기하면서 논리적으로 판단하는 과정을 경험하게 된다. 특
히 윤리적 문제에 대한 비판적 질문은 도덕적인 판단력을 향상시킨다. 책
임 있고 연대하는 시민을 만드는 데 필요한 태도이다. 새로운 지식이나
정보에 대해 비판적인 질문을 던지다 보면 새로운 정보나 지식을 쌓아가
며 개인적인 성장을 도모할 수 있다. 이는 창의적인 사고의 기반이 되며
새로운 영역으로 생각을 확산하는 데 도움이 된다.
인공지능 창작물의 여러 가지 문제에 대해서 비판적 질문 목록을 만드는
것 또한 이점을 가진다. 우리가 생활 전반에서 활용할 중요한 도구에 대

해 비판적으로 사고하면서 생각의 힘을 기를 수 있다. 그렇다면 어떤 비판적 질문을 만들 수 있을까?

1. 인공지능이 창작한 예술 작품에서 인공지능이 실질적으로 한 역할과 인공지능의 창조성은 얼마나 인정할 수 있을까?
2. 인공지능이 창작한 작품의 편향성을 어떻게 입증하고 처리할 수 있을까?
3. 인공지능이 창작한 작품의 소유자와 저작권자는 누구인가?
4. 인공지능이 창작한 예술 작품에 윤리적 기준이 반영되었는가?
5. 사용자가 어떤 영향을 미친 점은 없는가?
6. 인간 창작물을 침범하는 것과 경쟁하는 방식은 어떠한가?
7. 인공지능이 창작하는 예술 작품의 예측 불가능성은 얼마이고 그 대처법은 무엇인가?
8. 인공지능이 창작하는 작품이 사용되는 곳과 목적의 제약 혹은 가이드라인은 무엇인가?
9. 인공지능 창작물이 사회에 미치는 영향과 이에 따른 책임은 누가 어떻게 맡을 것인가?

이 9가지 질문처럼 한 가지 주제에 대해 비판적 질문을 만들어보자. 문제를 이해하고 해석하며 발전 방향을 생각하는 데 도움이 될 것이다.

 **비판적 사고력 UP!**

1. 9가지 비판적 질문 중에서 한 가지를 골라 자신의 생각을 정리해보자.
2. 인공지능 창작물이 가진 한계와 문제점은 무엇일까?
3. 인공지능 창작물에 대한 나만의 비판적 질문을 만들어보자.

# 03 AI 판사가 판결해 드립니다

2023년 5월 일본 도쿄대학 AI 법정에서 모의재판이 열렸다. 챗GPT가 판사를 맡고 변호사, 검사, 피고인은 학생들이 맡았다. 전 여자 친구를 성희롱한 남성이 살해됐다는 가상 사건이 상정되었다. AI 판사는 모의 법정 뒤편에 걸린 대형 스크린에 컴퓨터 그래픽으로 등장했다. 기계로 재생되는 음성을 통해 증인에게 질문을 하는 방식으로 재판이 진행되었다. 판사의 선고가 나오기 직전 방청객을 대상으로 피고인의 유무죄를 묻는 온라인 설문 조사가 진행됐다. AI 판사는 모의재판에서 인간의 판단과 비슷한 결론을 내면서 구체적인 판결 이유도 밝혔다. 방청객은 인간 판사에 비해 다양한 질문을 하지 못한 것은 아쉽지만 증인의 외형에 영향받지 않고 정확한 판결을 내린 점은 유익했다고 밝혔다. 머지않아 실제 등장할 상황이 재현된 것이다.

모든 분야에서 인공지능이 활발하게 적용되고 있는 가운데 법정에서 AI 판사는 왜 필요할까? AI 판사는 대량의 법률 자료를 효율적으로 분석하고 처리할 수 있다. 엄청난 양의 사건을 빠르게 처리하여 효율성을 높인다. 연중무휴로 일하며 언제든지 적용 가능한 서비스를 제공할 수 있다. 반복적이고 규칙적인 업무를 자동화해서 인간 판사들을 더 전문적인 사안에 집중할 수 있도록 돕는다. 일관된 규칙과 법률에 따라 판단하기 때문에 유사한 사건에 대해 일관적인 판결을 내릴 수 있다. 인간 판사의 주관적인 감정의 영향을 최소화할 수 있는 대안이 된다. 정확성과 일관성에서 인간을 앞서기에 인간 판사의 오류를 줄일 수도 있다.

그러나 문제가 없는 것은 아니다. AI 판사는 복잡하고 불확실한 문제에 대해서는 판단이 어렵다. 인간 판사의 도움을 받을 수밖에 없기에 간단하고 반복적인 문제만 해결 가능하다. 온전히 판사의 업무를 대체할 수는 없다. 또 인간의 감정이나 문맥, 특별한 상황에 대해서는 이해가 부족하다. 이를

다 반영해야 하는 판결에는 어려움이 따를 수 있다. 정보의 편향성으로 인해 옳지 않은 판단을 할 가능성도 있다. 인공지능이 수집하는 정보를 편향된 정보로 입력할 가능성이 없지 않다. 그 상황에서 정확하고 바른 판단을 내리지 못할 가능성이 있다. 또한 인공지능 판사에 대한 사회적인 동의를 이끌어 내기도 쉽지 않다. 인간 사이의 문제에서 발생하는 어려움을 기계가 판결하는 것에 사람들이 가지는 거부감을 없애고 모두가 만족할 결과를 얻는 것이 결코 쉬운 일은 아니다.

인공지능의 발달로 대체될 업무들이 많아질 시점에서 AI를 활용한 판사가 인간에게 도움이 될지 해악이 될지는 조금 더 지켜봐야 할 일이다.

## 어떻게 생각할 것인가

비판적 사고에서 중요한 것이 윤리성 유무이다. 윤리적 문제에 대한 고찰과 해결은 합리적인 사고 과정을 통해 이뤄진다. 여러 가지 관점과 정보를 종합하여 윤리적으로 결정을 해보는 것은 비판적 사고력을 높이는 데 도움이 된다. 가치나 원칙 사이의 모순과 불일치를 판단하면서 좀 더 합당한 해결책을 찾아나갈 수 있기 때문이다. 사안이 사회적으로 어떠한 영향을 끼치고 관련된 사람들에게 어떤 책임을 요구하는지 생각하며 좀 더 성숙한 사회 분위기를 만들기도 한다. 이는 자신의 행동으로도 이어져 스스로 윤리적인 판단을 하는 데 기준이 되어 준다. 이 사안에서도 윤리적인 판단이 중요하다.

AI 판사가 여러 가지 윤리적인 문제를 제기하기 때문이다. 예를 들어, AI 판사의 판단 과정에 대한 신뢰 문제가 있다. 인공지능이 어떠한 근거를 바탕으로 어떤 프로세스를 통해 판단을 하는지 아무도 알 수 없다. 이는 법률 체계에 대한 도전이며 판단을 믿을 수 없는 이유가 된다. 훈련된 데이터의 편향에 따라 판단이 달라질 수 있기 때문이다. 일반적으로 백인 남성에게 편향된 인공지능의 판결은 그들에게 유리한 방향으로 이뤄질 수 있다. 이런 인공지능의 편향성은 공정한 판결이 생명인 법정에서 윤리적 문제를 발생시킨다. 또 인공지능 판사의 결정에 오류가 있을 경우 그 책임 문제도 애매하다. 대규모 데이터를 활용하는 인공지능의 특성상 그 안에서 개인 정보가 안전하게 처리되고 보호될지도 믿을 수 없다. 법정에서 인간과 인공지능이 함께 상호 작용하는 것이 얼마나 원활할 것인지도 문제. 어떠한 규정에 따라 상호 작용할지의 문제도 고려해야 할 사항이다. 이처럼 인공지능 판사는 윤리적으로 결정해야 할 여러 가지 문제를 안고 있다. 이를 파악하고 인공지능 판사의 도입을 논의할 때 더 적절한 활용 방안과 보안책을 만들 수 있다. 윤리적 상황들이 존재하는 문제에 대처하는 가이드라인을 만들어주어야 정당하고 공정한 활용이 가능하다. 윤리성 판단은 다양한 문제 해결 상황에서 반드시 필요한 고려 사항이므로 평소 여러 가지 문제를 통해 충분히 연습해 두는 것이 좋다.

 **비판적 사고력 UP!**

**1.** 인공지능 판사가 도입된다면 가장 문제가 될 윤리적 문제는 무엇일까?

**2.** 그 문제를 해결하기 위한 대안은 무엇인가?

**3.** 윤리적인 문제를 해결하기 위한 대안을 마련할 때
우리에게 필요한 기준은 무엇인가?

우주에 대한 관심과 연구는 끊임없이 이뤄지고 있다. 우주 탐사는 새로운 행성, 별, 은하, 우주의 기원과 진화에 대한 관심으로 이어진다. 지구 외의 행성이나 천체에서의 생명체 존재 가능성을 탐구한다. 우주를 탐사하는 것은 우리의 미래를 위한 새로운 자원과 에너지의 원천을 찾아 지구 에너지 고갈 문제를 해결하는 대안으로 제시되고 있다.

우주 탐사를 위한 차세대 도구로 제임스웹 우주 망원경이 있다. 적외선 천문 관측을 주목적으로 하는 망원경으로 광학 우주 망원경 중에 규모가 가장 크다. 뛰어난 적외선 분해 능력과 감도 덕분에 멀고 어두운 천체들을 자세히 관측할 수 있다. 제임스웹 우주 망원경을 통해 최초의 별과 최초의 은하가 형성되는 모습을 포착하는 등 천문학적 우주론에 광범위한 연구가 가능할 것으로 기대되고 있다(위키백과 참고).

지상 망원경은 그 위치 때문에 지표면을 덮는 대기를 꿰뚫어 볼 수밖에 없다. 그러나 지구 대기는 다양한 적외선 대역에서 불투명하고 대기가 투명한 장소에서도 분석이 매우 까다롭다. 제임스웹 망원경은 카이퍼대 천체를 모두 관측할 수 있을 정도의 적외선 감도를 가지고 있다. 초신성이나 감마선 폭발처럼 한시적이고 관측 계획에 없던 표정도 일정 변경을 통해 48시간 이내에 관측할 수 있는 유연한 체계를 가지고 있다. 지금까지 제작된 우주 망원경 중 가장 강력하고 세련된 것으로 평가된다.

6.5m의 거대한 주반사 거울을 갖고 있어 매우 세밀한 관측이 가능하다. 주로 적외선 영역 관측에 중점을 둔 망원경으로 우주의 별, 은하, 행성, 원시 우주 등을 촬영한다. 이는 미지의 우주 현상을 밝히는 데 도움을 줄 것으로 보인다. 지구 궤도가 아니라 수십만 킬로미터 떨어진 우주에서 관측한다. 지구의 방해를 피해 미지의 우주 영역을 관측할 수 있게 해준다. 최

신 센서와 기술의 장착을 통해 암흑 우주에서 가장 어두운 지역에서도 높은 화질의 이미지를 얻을 수 있다. 즉 초기 우주의 형성과 진화, 천문학적 대상의 구조 등을 연구하여 우주의 원시적인 단계에 대한 통찰을 제공하는 것이다. 외계 행성의 대기 구성 및 특성을 조사하여 다른 행성에서의 화학적, 기후적 조건을 이해·비교할 수 있다. 먼 은하들의 형성 및 진화, 우주 구조의 형성에 대한 연구로 우리 은하와 다른 은하 사이의 상호작용 및 차이를 더 잘 알 수 있게 해줄 것이다. 새로운 별이 형성되는 지역에서 관측만으로 별의 탄생과 주변 천체의 상호 작용을 이해하고 우주의 가장 먼 지역에서 새로운 천체나 우주 구조를 발견할 수도 있다.

현시점에서 가장 최고의 기술력을 자랑하는 제임스웹 우주 망원경으로 우리가 얼마나 많은 우주를 이해하고 우주와 소통할 수 있을지 기대가 크다.

## 🔖💡 어떻게 생각할 것인가

이 이슈를 읽고 느낀 점을 적어보자. "제임스웹 우주 망원경이 최신이고 기능이 좋다. 그 망원경을 통해 우리는 우주에 대해 더 많은 것을 알 수 있다."정도로 정리되지 않았을까 싶다. 내용이 전달된 것은 맞지만 제대로 이해했느냐는 의문이 든다. 구체적인 내용에 대한 이해보다는 개괄적인 이해만 가능했을 것이다. 그 이유는 무엇일까? 바로 용어가 어렵기 때문이다. 생소한 과학 용어를 접하는 순간 이해하려는 노력을 하지 않았을 가능성이 크다. 이렇듯 용어에 대한 이해는 비판적 사고에서 기본이 되는 요소다. 용어에 대해 이해해야 정확한 의사소통과 내용 파악이 가능하다. 용어를 모르는데 핵심 내용을 전달받기는 불가능하다. 논리적 추론은 더

더욱 어렵다. 용어를 정확히 알아야 내용을 오해하지 않고 받아들이며 주제에 대한 논리적인 생각의 정리가 가능하다. 이처럼 새로운 개념이나 지식을 습득할 때 정확한 용어의 이해가 가장 기본이다. 개념을 정확하게 이해하지 않으면 그것을 바탕으로 한 추가 학습은 불가능하기 때문이다. 그렇다면 글의 내용을 정확히 이해하기 위해 용어를 정리해보자.

내가 알고 있는 단어와 생소한 단어를 나누어 보면 좋다. 뜻이 애매하거나 처음 접해서 이해가 어려운 단어를 정리해 뜻을 찾아본다. 사전이나 책, 논문, 강의 자료 등을 활용해 전문 용어의 뜻을 정확히 파악한다. 특히 내용의 핵심을 이루고 있는 단어부터 이해하고 익히는 것이 필요하다. 용어를 해당 분야의 전반적인 맥락 안에서 이해하는 것도 좋다. 과학 이슈는 정확한 용어의 의미를 이해하는 것이 더욱 중요하다. 글에서 '카이퍼대 영역'을 관측할 수 있다고 했다면 그 영역이 어디인지 알아야 내용을 이해할 수 있다. 카이퍼대 영역이란, 태양계의 해왕성 궤도보다 바깥쪽의 황도면 부근에 도넛 모양으로 천체가 밀집한 영역이다. 즉 태양-수성-금성-지구-화성-소행성대-목성-토성-천왕성-해왕성-카이퍼대 이런 순서로 태양계 전체가 돌아가고 있다고 이해하면 쉽다. 이런 식으로 모르는 용어들을 정리하여 내용을 파악할 때 새로운 지식을 얻어 자기화하는 것에 도움이 된다.

 **비판적 사고력 UP!**

1. 제임스웹 우주 망원경 글에서 모르는 단어를 찾아 쓰고 뜻을 적어보자.
2. 뜻을 여러 번 읽은 후 다시 텍스트를 읽어보고 차이를 생각해보자.
3. 글의 내용을 다시 요약해서 정리해보자.

알츠하이머 치매 치료제 시장이 본격적으로 열릴 듯하다. 글로벌 제약사들이 알츠하이머 치매 치료제 상용화에 도전하며 신약들이 쏟아지고 있기 때문이다. 알츠하이머는 뇌에 아밀로이드 베타와 타우 단백질 같은 이상 단백질이 쌓이면서 뇌 신경 세포가 서서히 죽어가는 퇴행성 신경 질환이다. 치매를 일으키는 가장 흔한 원인 질환으로 전체 치매 환자의 50~80%가 해당된다. 알츠하이머는 대뇌 피질 세포의 점진적인 퇴행성 변화로 기억력과 언어 기능의 장애를 초래하고, 판단력과 방향 감각이 상실되며 성격도 변화되어 결국 자신 스스로를 돌보는 능력이 상실되는 병이다. 정확한 발병 기전과 원인은 알려지지 않았다. 유전적 원인이 전체 질환의 약 50% 정도를 차지한다. 현재까지 완치 방법은 없지만 환자와 가족의 삶의 질을 유지하는 것으로 치료의 방향을 정해왔다.

이런 알츠하이머의 초기 환자를 대상으로 한 치료제가 나올 예정이다. 디깅러는 주로 IT 분야에서 활동했지만, 지금은 다양한 분야로 대중화된 것만 봐도 알 수 있다. 레카네맙이 알츠하이머를 완치할 수 있는 약은 아니다. 기대했던 것보다 효능이 낮고 일부 부작용 논란으로 고전 중이긴 하지만 환자의 인지 기능 저하 속도를 27% 줄이는 것으로 나타났다. 뇌부종, 뇌출혈 등 부작용 발생률도 41%에서 3% 미만으로 대폭 감소했다. 또 초기 환자를 위한 약제가 개발되는 만큼 빨리 치매 증상을 인지하는 것이 중요하다. 미국에서는 대형 병원에 가지 않고도 간단한 혈액 검사로 알츠하이머 가능성을 측정할 수 있는 진단 키트도 개발되었다. 물론 혼자서 사용할 수 없고 의사의 감독하에 사용해야 한다.

고령화 사회에 접어들면서 알츠하이머의 발병률이 증가할 것으로 예상된다. 치료제가 개발되지 않은 시점에서 가장 중요한 것은 알츠하이머의 예방이다. 예방을 위해 가장 중요한 것은 바로 생활 습관 관리로 알려져 있다. 그중에 규칙적인 운동은 필수다. 유산소 운동을 통해 인지 기능을 향상시켜야 한다. 운동은 뇌세포의 생존과 성장을 지원하는 성장 인자의 생성을 촉진해 인지 능력을 보존한다. 그 과정에서 알츠하이머의 위험을 감소시킨다. 건강한 식단도 중요하다. 과일이나 채소, 통곡물, 기름기가 적은 단백질, 건강한 지방이 풍부한 식단이 좋다. 이는 염증을 감소시키고 혈관 기능 개선, 뇌 건강에 도움을 준다. 다양한 관계를 유지하는 것도 좋다. 사회적인 관계를 통해 뇌를 활성화하면 노화를 막는 데 도움이 된다. 흡연과 음주를 삼가고 혈관성 위험 요인을 조절하는 것도 좋다. 우울증이 알츠하이머와 연관이 있으므로 빨리 진단하고 치료하는 것이 좋다. 독서나 문화 활동 등을 통해 정신적 노력이 동반되는 여러 활동으로 알츠하이머를 예방할 수 있다. 이같이 생활 습관을 변화시키고 다양한 활동을 통해 뇌 건강을 지키는 것이 알츠하이머의 예방에 가장 효과적이다.

## 📖💡 어떻게 생각할 것인가

미디어를 통해 글이나 정보를 받아들일 때 중요한 것이 바로 문해력이다. 문해력이란, 글이나 문서를 읽고 이를 이해하는 능력이다. 단순히 문장을 읽고 해석하는 것을 넘어선다. 문맥을 파악하고 중요한 정보를 추출하며 그 정보를 바탕으로 해석하고 추론하는 과정이 문해력에 해당된다. 문해력은 비판적 사고력의 바탕이라 할 수 있다. 정확하게 해독하고 이해하지 못하면 그다음 논리적인 활동을 실행할 수 없다. 문장이나 단어의 의미가 어떻게 쓰이고 있는지 이해해야 한다. 주요 아이디어나 정보를 추출하고 식별할 줄 알아야 한다. 핵심 개념을 찾아야 논리적인 이해를 시작할 수 있다. 내용을 비판적으로 사고하면서 주장이나 논리의 비약은 없는지 판단할 수 있어야 한다. 전체적인 내용에서 부족한 정보가 있는지 생각해보고 내용을 유추하거나 주어진 정보를 바탕으로 해석까지 할 수 있어야 한다. 그렇다면 알츠하이머에 대한 글을 보고 문해력을 활용해서 내용을 파악해보자.

이 글의 주요 내용은 무엇일까? 내용을 제대로 해독했는지 검토하기 위해 내용을 요약해서 정리해보자. 문단별로 중요한 핵심 개념과 단어를 찾아보자. 문맥이 무엇인지 한두 줄로 요약하는 것이다. 글을 비판적으로 읽어보며 의문이 가는 부분이 있는지 생각해보는 것도 좋다. 글의 논리에서 이상한 부분은 없는지 파악하며 부족한 부분이나 더 알고 싶은 내용을 추려보자. 앞으로 알츠하이머의 치료에 대한 방향은 어떻게 될지 생각해보고, 알츠하이머가 인류에게 어떤 영향을 끼칠지 예측해본다. 이런 과정들이 글을 이해하고 주제에 깊이 있게 접근하는 데 큰 도움이 될 것이다.

 ## 비판적 사고력 UP!

1. 전체 내용을 요약해서 적어보자.
2. 글의 이상한 부분이나 부족한 부분을 찾아 보완해보자.
3. 알츠하이머 치료의 방향과 인류에게 끼칠 영향에 대해 생각해보자.

# 06 플라스틱의 미래, 바이오 플라스틱

플라스틱은 석유에서 추출되는 원료를 결합하여 만든 고분자 화합물의 일종이다. 값이 싸고 가공도 쉬워서 일상생활의 많은 분야에서 활용되고 있다. 하지만 이 플라스틱 폐기물이 심각한 환경 문제를 일으키고 있으며 매년 약 800만 톤의 플라스틱이 바다에 버려지고 있다. 이 폐기물은 해양 생태계에 손상을 주고 해양 생물의 생존에도 위험이 된다. 해양 생물을 파괴하는 것과 더불어 물과 공기를 오염시킨다. 플라스틱은 일회용품으로 주로 사용되기 때문에 빠르게 대량으로 생산되고 폐기된다. 플라스틱 폐기물은 환경 오염의 주범이 되고, 생산과 폐기의 과정에서 석유나 가스 같은 화석연료가 사용된다. 자원의 소비가 있어야만 생산되기에 자본 소비의 측면에서도 문제가 생긴다. 플라스틱을 생산하고 폐기하는 과정에서 이산화탄소가 배출되어 지구 온난화를 일으킨다. 제조나 처리의 과정에서 유해물질을 방출하여 자연과 인간의 건강에 좋지 않은 영향을 미치기도 한다. 자연 분해가 어려워 환경에 오랜 기간 악영향을 줄 것으로 예상된다. 인간이 만든 가장 창의적인 선물이라 평가받았지만 이제 인류 최악의 발명품이라 불리는 플라스틱에 변화가 필요한 시점이다.

플라스틱의 변화를 이끄는 것이 바로 바이오 플라스틱이다. 생분해성 소재로 만든 플라스틱으로 식물 기반의 자원을 활용해 제조된다. 이러한 소재는 일반 플라스틱과 달리 환경친화적으로 분해된다. 일반 플라스틱에 비해 탄소 발자국이 더 낮을 수 있다. 탄소 발자국이란, 기업이 생산 과정에서 대기로 배출하는 이산화탄소와 같은 온실가스의 양을 측정하는 개념이다. 해당 대상이 지구 온난화와 기후 변화에 미치는 영향을 나타내는 지표이다. 바이오 플라스틱은 재생 가능한 원료 사용 및 생산 과정의 에너지 효율성에 영향을 받는다. 포장재뿐 아니라 일회용품, 생활용품, 의료 기기 등 다양한 용도로 사용할 수 있다는 장점이 있다. 다양한 연구를 통해 특성이 인류에게 유용한 쪽으로 개발되고 있어 더욱 강력하고 다양한 용도에 적합한 소재로 개발될 것으로 보인다. 환경에 조금 더 나은 영향을 줄 것으로 보이지만 앞으로 더 많은 연구가 필요할 것이다.

미래의 플라스틱은 바이오 플라스틱처럼 환경에 친화적이고 재생 가능한 소재로 변화할 것이다. 더 효율적이고 경제적인 재활용 프로세스를 개발하여 플라스틱을 다루는 기술도 달라질 것이다. 이를 통해 다시 한번 플라스틱이 미래의 인류에게 유익한 방향으로 전환되기를 기대해본다.

### 어떻게 생각할 것인가

플라스틱 쓰레기를 줄이고 환경 오염을 낮추기 위해서는 어떤 방법이 있을까? 해결 방안으로 바이오 플라스틱을 소개하고 있다. 하지만 이것만이 해결 방안의 전부는 아니다. 더불어 생활 속에서 사회적 동의를 얻을 수 있는 해결책에 대해 생각해볼 필요가 있다. 전 세계적으로 플라스틱이 큰 문제를 일으키고 있기 때문이다. 이처럼 한 가지 문제에 대해 해결 방안을 생각하는 것은 비판적 사고를 필요로 한다. 해결 방안을 생각하는 것이 문제를 정확하게 인식하는 데 도움이 되기 때문이다. 문제의 본질을 알고 이해할 때 해결책을 찾을 수 있기에 문제를 정확하게 아는 것도 중요하다. 문제를 해결하려고 노력하면 창의성도 생긴다. 그동안 고민하지 않았던 분야에 대해 생각하다 보면 새로운 아이디어를 얻을 수 있기 때문이다. 명확하게 목표를 정하면 생각의 방향이 정해지고 효율적·논리적으로 생각할 수 있게 된다. 문제의 해결책을 생각하는 것이 결코 쉬운 일은 아니다. 대안을 찾는 과정에서 새로운 지식과 기술을 습득해야 한다.

그렇다면 플라스틱 문제를 해결할 대안을 생각해보자. 제시한 바이오 플라스틱처럼 대안제를 생산하고 보급하는 것도 방법이다. 재활용 기술을 발전시켜 환경에 영향을 덜 주는 방식으로 재활용 폐기물을 처리하는 기술을 개발하는 것도 좋다. 제품을 디자인할 때 최소한의 플라스틱만을 사용하도록 규정하는 것도 필요하다. 재생 가능한 소재를 활용해서 환경을 파괴하지 않으려는 노력을 계속해 나가는 것이다. 새로운 포장 솔루션을 개발하거나 재사용 가능한 제품을 만드는 것도 도움이 된다. 소비자가 환경 오염의 문제를 인식하고 친환경적인 물건을 사용함으로써 플라스틱 사용을 줄일 수 있다. 나아가 국제적으로 플라스틱 사용에 대한 규제를 만들 필요도 있다. 이 밖에도 주변에서 활용할 수 있는 간단한 방법으로 개개인이 플라스틱 사용을 대체할 물건을 찾을 수도 있다.

다양한 해결책을 생각하는 과정에서 우리는 플라스틱의 환경 오염 문제에 대해 깊이 있게 관심을 갖게 된다. 이것이 생활로 이어질 때 비판적 사고와 함께 인류의 지속 가능한 미래를 위한 우리의 노력도 함께 이뤄져 유익한 변화를 만들어낼 수 있다. 이처럼 비판적 사고력이 나의 실제 생활에도 유리하게 작용하는 면이 있다.

 ## 비판적 사고력 UP!

1. 플라스틱 사용 문제에 대해 정리해보자.

2. 바이오 플라스틱 산업에 대해 구체적으로 조사해서 정리해보자.

3. 미래 플라스틱 산업의 변화에 대해 우리가 노력해서
   바꿀 수 있는 것들을 정리해 적어보자.

웹 3.0은 인터넷이 더욱 지능적으로 상호 연결되는 것이다. 더 나은 검색 기술, 인공지능, 사물 인터넷, 분산 웹 등을 포함한 다양한 진보의 기술로 맞춤형 정보와 데이터 소유를 개인화하는 3세대 인터넷이다. 기존의 인터넷은 제공자의 정보를 확인만 할 수 있는 읽기 중심의 초기 1.0 버전이었다. 그 후 읽기 중심에서 쓰기를 더해 다양한 정보를 주고받을 수 있는 2.0 버전으로 발전했다. 스마트폰 사용의 보급화가 인터넷 활성화에 주요 역할을 하며 소셜 네트워크나 게임의 보급화가 이루어졌다. 특히 유튜브를 통해 정보를 손쉽게 접하게 되었고 나의 정보도 쉽게 공유할 수 있게 되었다. 그러나 정보 공유는 쉽지만 서로 정보를 주고받는 것은 거대한 플랫폼 안에서만 가능했다. 플랫폼에 비용을 지불하거나 그곳을 통해서만 수익을 얻을 수 있었다. 이에 대해 불만이 생기면서 정보의 중앙화를 깨트리고자 하는 시도가 시작되었다. 정보의 소유를 개인에게 넘김으로써 더 다양한 정보 공유 시대를 열고자 하는 바람이 반영되었다. 개인 간의 정보를 주고받을 때 암호화와 정보의 분산화를 통해 보안성을 높여 위험을 낮추고자 노력하기 시작했다. 이런 시도를 통해 개인이 콘텐츠를 생산하고 소유권을 갖고 광고도 제어할 수 있게 된다. 즉 웹 3.0 시대에는 블록체인이나 인공지능 등 최신 기술이 결합되면서 초개인화된 웹 생태계를 형성한다. 탈중앙화와 개인 간 상호 작용을 가장 큰 특징으로 뽑을 수 있다.

이러한 특징을 가진 웹 3.0의 예시가 바로 블록체인이다. 블록체인은 p2p 방식을 기반으로 소규모 데이터들이 사슬 형태로 무수히 연결·형성된 블록이라는 분산 데이터 저장 환경에 관리 대상 데이터를 저장한다. 이로써 누구도 임의로 수정할 수 없고 누구나 변경의 결과를 열람할 수 있게 만드는 기술이다. 중개 플랫폼이 없더라도 거래 데이터가 참여한 구성원 모두에게 동시에 저장된다. 함께 데이터를 검증할 수 있는 신뢰성을 기반으로 한다. 어떤 데이터라도 블록체인에 저장되면 구성원의 동의 없이 변경이 어렵기 때문에 투명하게 데이터가 관리되는 것이다. 이런 특징 때문에 콘텐츠 창작을 넘어서 암호화폐를 활용한 거래도 가능하다. 암호화폐나 대체 불가 토큰인 NFT를 통해 가상자산을 거래할 수 있다. 웹 3.0의 특징에 따라 가상 자산이 거래되는 모든 과정이 기록되고 공유된다. 중간의 플랫폼 없이도 믿을 수 있는 거래가 가능해지는 것이다. 메타버스라는 가상 공간을 통해 이런 거래와 창작 작업이 이루어지는 지금까지와 전혀 다른 시대가 열릴 것이다. 우리에게는 차세대 인터넷을 통해 달라지는 세상에 적응하는 것이 미래를 준비하는 또 다른 방식의 대비가 될 것이다.

 **어떻게 생각할 것인가**

비판적 사고를 할 때 예측하는 능력이 필요하다. 예측을 하려면 정보를 분석하고 추론해야 한다. 이 과정에서 논리적 사고력이 생기고 합리적으로 결론을 추론할 수 있다. 미래를 예측하려면 현재에 필요한 도전 과제에 대해 해결책을 찾아야 한다. 이는 새로운 시대의 시나리오를 준비할 수 있게 도와준다. 예측은 앞으로의 계획 수립에 도움이 되며 더 나은 미래를 위한 준비에 도움이 된다. 예측을 잘하는 방법은 폭넓은 정보를 수집하고 과거의 경험을 고려하는 것이다. 전문가의 의견을 참고하되 자신의 추론 능력을 활용하면 좋다. 미래는 불확실하기에 예측이 틀릴 수도 있음을 인정할 필요도 있다. 예측하는 과정에서 개인의 편향된 생각이나 선입견이 개입되지 않도록 주의한다.

글의 내용을 보고 웹 3.0 시대의 우리 생활 모습이 어떻게 달라질지 예측해 보도록 하자. 웹 3.0 시대에는 더욱 개인화된 경험이 중요해질 것이다. 그것이 개인 자산이 되고 자신만의 경쟁력이 된다. 블록체인 기술로 사용자는 중개 플랫폼 없이 데이터를 생성, 저장할 수 있다. 즉 지금의 유튜브는 사라지거나 다른 작은 플랫폼이 생기거나 개인이 플랫폼화될 것이다. 빅테크 기업들이 힘을 쓰지 못할지 모른다. 마케팅의 방식도 개인을 중요시하고 개인이 주도적으로 운영할 수 있도록 변화할 것으로 예상된다. 인공지능을 통해 더욱더 스마트한 상호 작용이 가능해지고, 암호화폐나 디지털 지갑 거래가 활성화될 것이다. 누구나 쉽게 웹에 참여하고 소유할 수 있으며 실제 개인 정보와 디지털 개인 정보를 분리할 수 있다. 데이터 보완을 통해 개인 정보를 노출하지 않고도 안전한 거래가 가능해질 것이다. 이처럼 웹 3.0 시대를 예측해볼 수 있다. 예측하다 보니 정확하진 않지만 미래의 모습이 그려진다. 그에 따라 준비해야 할 것들을 정리할 수 있을 것이다. 이처럼 예측은 분석력과 더불어 미래를 대비할 수 있는 논리적인 사고를 가능하게 한다.

 ## 비판적 사고력 UP!

1. 웹 3.0 시대란 무엇인지 정리해보자.
2. 웹 3.0 시대의 변화 모습을 더 예측해보자.
3. 웹 3.0 시대를 대비하기 위해 내가 할 수 있는 것들을 생각해보자.

태양 전지란, 태양광 에너지를 전기로 변환하는 장치다. 태양광을 흡수하여 전자와 양전자를 발생시키는데 이를 전기로 전환한다. 태양광 발전 시스템과 이동형 전원 장치 등에서 사용되며 태양 전지 셀이 모듈을 형성하고 그 모듈이 연결되어 전자판을 형성하는 방식이다. 태양 전지는 강한 햇빛이 필요하며 일부 기술은 흐린 날에도 작동할 수 있도록 개발되고 있다. 태양 전지는 재생 가능한 에너지원인 태양광 에너지를 사용하기 때문에 친환경적이다. 한번 설치하면 유지 보수 이외에 별도의 추가 비용이 필요하지 않아 경제적이다. 전력을 소비하는 지역에서 직접 에너지를 생산할 수 있다. 다양한 규모와 형태로 설치가 가능해 주거용, 산업용, 상업용 등 다양한 응용 분야에서 활용 가능하다. 하지만 시스템을 설치하는 데 초기 투자 비용이 많이 들고 햇빛의 영향을 많이 받아 밤에는 활용할 수 없다는 단점도 있다. 태양 전지를 만드는 데 필요한 원자재들이 환경에 나쁜 영향을 미치기에 대량 생산 시에는 환경 문제를 일으킬 수 있다. 패널을 설치하려면 상당히 넓은 공간을 필요로 하고 에너지를 저장할 수 없다는 점도 아쉽다.

　태양 전지가 비교적 최근에 주목을 받고 있지만, 역사는 거의 200여 년에 가까울 정도로 오래되었다. 신재생 에너지를 대표하는 에너지원인 태양 전지의 단점을 보완하여 새롭게 개발된 것이 바로 페로브스카이트다. 페로브스카이트란, 특정 광물의 구조를 말한다. 이 광물을 처음 발견한 과학자의 이름을 따서 지었다. 페로브스카이트는 특정 원소로 이뤄졌을 때 빛을 잘 흡수하는 성질을 갖는다. 과학자들이 어떤 구조일 때 페로브스카이트가 가장 빛을 잘 흡수하고 전기가 잘 통하는지를 연구 중이다. 태양 전지의 광흡수 물질로 최적화하기 위한 연구도 진행되고 있다. 1세대 실리콘 태양 전지와 2세대 박막 태양 전지에 이어 3세대 페로브스카이트는 유기물을 이용했다. 이는 공정이 간단하고 비용이 저렴해 가성비가 좋다. 페로브스카이트는 용액이라 플라스틱 필름에 바르기만 해도 휘어지는 전지로 만들 수 있다. 한국 연구자들이 이 분야에서 세계 최고의 기술력을 보유한 것도 우리나라 입장에선 대단한 장점이다. 태양 전지의 효율은 이미 실리콘 태양 전지와 비슷한 수준이다. 그러나 수분이나 열에 취약한 단점 때문에 효율이 높은데 도 상용화에 어려움을 겪고 있다. 건물이나 자동차 같은 외부 환경에서 파 손 없이 작동해야 하기 때문이다. 이를 보완하기 위해 실리콘 전지와 페로 브스카이트를 융합한 하이브리드 방식도 각 기업의 참여로 연구되고 있다.

신재생 에너지의 최고봉이 될 페로브스카이트 태양 전지의 연구와 활용 이 가까워지고 있다. 태양 전지를 활용한 에너지 생산으로 미래를 바꿀 수 있는 시대가 한 걸음 다가온 것이다.

 **어떻게 생각할 것인가**

생소한 분야에 대한 정보를 받아들일 때 우리는 각종 미디어를 활용한다. 미디어를 통해 새로운 정보를 익히고 배워나간다. 비판적 사고력을 기르 는 데 이러한 미디어 활용 능력은 대단히 중요하다. 빠르게 변화하는 세 상에서 정확하고 빠르게 정보를 확보할 수 있기 때문이다. 다양한 의견과 관점, 정보를 통해 다양성을 경험하고 사고의 폭을 확장시킨다. 정보를 거르고 판단할 수 있는 능력을 기를 수 있으며 믿을 수 있는 정보를 빠르 게 찾아낼 수 있는 힘도 생긴다. 미디어를 통해 정보를 받아들이며 자신 만의 평가 기준을 갖게 되면 자기 주도적인 사고를 할 수 있다. 현재의 사 회적 이슈와 문제를 전달받아 그에 대한 비판적 사고력을 기를 수도 있다. 미디어를 통해 소통하면서 효과적인 커뮤니케이션 기술을 늘리고 타인과 교류하여 사고를 확장할 수도 있다.

그렇다면 미디어를 어떻게 활용해야 할까? 미디어에는 다양한 소스가 존재하므로 다양한 경로로 정보를 수집한다. 뉴스나 웹사이트, 블로그, 포드 캐스트 등 다양한 소스의 정보를 비교하면 좋다. 미디어에서 다양한 의견을 접할수록 여러 관점을 이해할 수 있다. 정보를 대하며 비판적으로 생각할 수 있는 질문을 자주 던지는 것도 좋다. 사회 문제와 연결시켜 생각을 확장하고 빠르게 변하는 정보의 정기적인 업데이트를 통해 새로운 정보로 확장하면 더욱 좋다. 특히 미디어에 허위 정보가 많은 요즘 사실 확인 사이트나 출처 확인 등을 통해 믿을 수 있는 정보를 검색하는 연습도 필요하다.

구글에서 '페로브스카이트'라는 검색어를 입력하면 관련 자료가 나온다. '태양 전지의 미래 페로브스카이트 어디까지 왔나'라는 조선일보 뉴스부터 페로브스카이트 표면 안정화 방안을 찾았다는 인더스트리 뉴스로 이어진다. 위키피디아에는 페로브스카이트에 대한 배경지식을 키울 수 있는 용어 정리가 나오고 연구자들의 대담 기사도 이어진다. 그리고 페로브스카이트 태양 전지를 만드는 과정이나 4차 산업의 차세대 소재로 소개된 유튜브 영상이 이어 검색된다. 최신 기술 동향에 대한 논문과 태양 전지의 다음 목표에 대한 동아사이언스의 기사도 이어진다. 블로그에서 페로브스카이트를 소개하는 글도 찾아볼 수 있다. 추가 검색어로 페로브스카이트의 구조와 문제점, 단점, 전망, 활용에 대해 검색할 수 있는 안내창도 띄워진다. 이처럼 한 가지 검색어에 대해 다양한 경로의 미디어 자료를 찾을 수 있다. 이 자료들을 하나씩 읽어보며 자신에게 필요한 정보를 얻고 전망을 검색하고 정리해보면서 하나의 주제에 대한 공부를 할 수 있다. 이런 과정은 자신의 사고를 확장하고 이슈를 정리해보며 비판적 사고를 늘릴 수 있는 좋은 방법이 된다.

## 비판적 사고력 UP!

1. 페로브스카이트에 관한 미디어를 보고 이슈를 정리해보자.
2. 페로브스카이트에 대한 정보 중 미디어별로 다르게
   다루고 있는 부분은 무엇인가?
3. 미디어를 검색하며 가짜 뉴스나 허위 정보라고 판단되는
   부분이 있었다면 그렇게 생각한 이유를 적어보자.

# 09 웨어러블 디바이스로 새로운 세상과 접속하라

웨어러블 디바이스는 착용자의 몸에 부착되거나 착용되는 전자 기기이다. 흔히 쓰이는 것이 스마트워치이다. 전화나 문자, 이메일, 알림을 받을 수 있으며 걸음수나 심박수 등의 건강 정보를 모니터링한다. 음성 명령을 통해 작동되기도 하며 운동 추적이나 날씨 예보, 앱 알림 등 다양한 기능을 제공한다. 헬스 밴드도 있다. 건강 관리를 위한 디바이스로 걸음수나 수면 패턴, 심박수 등을 추적하여 사용자의 건강 상태를 확인할 수 있다. 운동 중에 사용하기 효과적이다. 시각적으로 정보를 제공하는 스마트 글라스도 있다. 일상에서 필요한 정보를 시각화하거나 읽을 수 있도록 도와준다. 일부에는 카메라 기능이 내장되어 있어 사진이나 동영상 촬영도 가능하다. 센서와 기술을 통합한 스마트 의류도 있다. 체온, 심박수, 운동량 등을 의류가 측정해서 스포츠 활동이나 헬스케어 시 사용한다. 운동 선수의 신체를 분석하거나 건강 관리에 활용되기도 한다. 가상 현실이나 증강 현실 경험을 제공하는 장치도 있다. 게임이나 교육 분야에서 사용된다.

위와 같은 웨어러블 디바이스는 건강을 체크하는 역할을 한다. 스마트 워치나 헬스 밴드 등은 심박수나 수면 패턴, 활동량, 칼로리 소모 등을 모니터링하여 건강 상태를 체크해준다. 다양한 운동 모드를 지원하기도 한다. 실시간으로 운동 데이터를 제공하여 사용자의 운동량을 알려주고 더 많은 양의 운동을 계획하는 것을 돕는다. 스마트폰과 연결해 텍스트 메시지나 전화, 이메일을 알려주는 역할도 한다. 음성 명령을 통해 상호 작용을 하기도 하며 사용자의 위치를 추적하거나 거리 측정, 네비게이션 기능도 제공한다. 스마트홈 기기와 연결해서 조명, 난방, 보안 시스템을 제어하는 데 쓰이기도 한다. 사진이나 동영상 촬영을 하기도 하고 증강 현실 경험을 제공해 재미를 주기도 한다.

다양한 분야에서 활용되고 있는 웨어러블 디바이스는 이제 개발 초기 단계이다. 아직은 사용자가 많지 않지만 시간이 지남에 따라 보편화될 전망이다. 개인의 건강 관리나 컨디션을 조절할 필요가 있는 의료 분야에서의 필요성이 증가하고 있기 때문이다. 어디서나 간편하게 사용하고 체크할 수 있는 웨어러블 디바이스는 앞으로 어떤 방향으로 쓰일지 기대되는 분야 중 하나이다. 앞으로도 사용자의 욕구에 따라 개인의 프라이버시를 보호하고 데이터를 안전하게 주고받는 방식으로 개발될 것이다. 현재 가지고 있는 배터리 문제나 지원 영역을 확대하여 유익하고 활용 가능한 방향으로 개발될 전망이다.

## 📖💡 어떻게 생각할 것인가

웨어러블 디바이스의 사용자가 점차 늘고 있는 시점에서 과연 얼마나 실용성이 있는지 살펴볼 필요가 있다. 실용성 검토를 통해 진짜 이 기기의 효과에 대해 살펴볼 수 있다. 이 과정에서 비판적으로 다양한 정보를 수집하고 분석해보자. 비용 대비 효과를 신중하게 고려하려면 구매 결정에 앞서 비용과 기능, 혜택 사이의 균형을 생각해봐야 한다. 장점과 단점을 파악하여 실용성 검토를 해보면서 물건의 장기적인 이점을 파악할 수도 있다. 이는 비판적 사고력뿐 아니라 소비하는 올바른 태도를 길러준다.

웨어러블 디바이스의 실용성을 검토하기 위해 장단점을 생각해보자. 장점으로는 일상적인 활동이나 수면, 심박수 모니터링을 통해 건강을 지속적으로 관리할 수 있다. 사용자가 한동안 움직임이 없으면 긴급 전화에 연결하는 기능은 혼자 사는 사람이 많아지는 시대적 흐름에 필요한 기능이다. 혼자서 자신의 건강을 관리하고 위험한 상황을 체크할 수 있어 유익하다. 또 운동량과 칼로리 소모를 계산하여 건강 관리에 도움을 준다. 정확하게 운동량을 측정하여 다음 운동에 기록을 반영할 수 있어 좋다. 전화나 메시지, 일정이나 알람을 관리해 일상생활에서 스케줄을 관리하는 데 도움이 된다. NFC 결제 기능을 탑재한 디바이스는 손쉽게 바로 결제할 수 있다는 장점도 있다.

이와 반대로 문제점도 있다. 배터리 관리가 어렵다. 배터리 수명이 짧아져 교체해야 하거나 자주 충전하는 번거로움은 피할 수 없다. 가격이 높아 구매하는 데 부담이 되며 데이터가 정확한지도 아직은 고려해야 할 사항이다. 이처럼 디바이스의 장단점과 실용성에 필요한 정보들을 파악하면 웨어러블 디바이스에 대해 보는 시각이 다양해진다. 언제나 소비를 하기 전 실용성을 계산해보는 것은 현명한 소비 생활에 도움이 되고 사고력도 키워주는 좋은 습관이다.

##  비판적 사고력 UP!

**1.** 웨어러블 디바이스의 실용성을 검토하기 위해 알아볼 수 있는 것은 무엇인가?

**2.** 웨어러블 디바이스의 장단점을 정리해보자.

**3.** 웨어러블 디바이스의 실용성을 위해 더 보충되어야 할 부분을 생각해보자.

# 10 로봇세 도입으로 인간의 일자리를 사수하라

인공지능이 이슈가 되면서 예술과 창작 분야에서 로봇의 활동에 대한 의견이 분분하다. 로봇이 만든 예술 작품의 저작권에 대한 논쟁에서부터 일하는 로봇의 소유주에게 세금을 부과해야 한다는 의견도 만만치 않다. 식당에서 서빙하는 로봇이나 배달 로봇 등이 심심치 않게 보이는 이 시점에서 일하는 로봇 소유주에게도 세금을 부여해야 할지 생각해볼 문제다.

로봇이 인간의 일자리를 대체하면서 많은 사람이 일자리를 잃을 것이다. 로봇은 쉬지 않고 일하며 사람에 비해 높은 생산성을 갖기 때문이다. 앞으로 사람보다는 로봇을 고용하겠다는 사업주는 점차 늘어날 것이다. 일을 잘하는 로봇은 세금을 내지 않는다. 사람들이 소득을 얻으면 소비를 하고 그에 합당한 세금을 내는 것과는 다르다. 사람들이 일자리를 잃어 소비를 하지 못하고 로봇은 세금을 내지 않는 상황이 계속된다면 시장 경제에 타격이 생길 수밖에 없다. 게다가 로봇은 오류를 낼 수 있고 해킹을 당해 중요한 정보를 잃을 수 있는 위험도 있다. 그럼에도 사람보다 유익하다고 판단해 로봇을 고용한다면 당연히 그에 따른 세금을 내야 한다는 의견이다.

이렇게 거둔 세금은 일자리를 잃은 사람들의 복지를 위해 쓰일 수 있다. 로봇세를 부과하면 꼭 로봇이 일하지 않아도 되는 일은 사람에게 남겨질 것이다. 가뜩이나 인구가 줄어드는 상황에서 세금 내는 사람의 수도 줄어들면 세수 확보에 어려움이 생길 것이다. 로봇 소유주에게 세금을 걷는다면 그만큼 일자리에 합당한 세금을 거둘 수 있다. 하지만 문제점도 있다. 일하는 로봇에게 세금을 부여한다면 세금 부담으로 로봇을 사용하려는 사람이 줄어들 것이다. 아직 로봇 산업이 완전하게 자리 잡지 않은 상태에서 로봇 산업의 육성에 방해가 될 것이다. 로봇을 연구하는 기업에서 로봇세를 반대하는 가장 큰 이유다.

기업체를 운영하면서 이미 세금을 내는 기업에 로봇세까지 부여한다면 이중으로 부담이 된다는 견해도 있다. 로봇이 사람에 비해 효율적이긴 하지만 사람이 하기에 위험한 환경에서의 작업을 대체하는 로봇도 있다. 이런 경우 과외의 수입을 내지 않는 상황에서 로봇세를 거두게 되면 사업체의 부담이 커질 수밖에 없다. 로봇세의 기준을 정하는 것도 애매하다. 로봇은 입력값을 넣으면 그대로 일을 한다. 로봇세를 부과할 대상을 어떤 형태의 로봇으로 규정할지, 얼마의 세금을 거둘지에 대해 논의가 필요하다.

2022년 한국조세재정연구원에서는 국내 로봇세 도입은 시기상조라고 밝혔다. 로봇의 도입이 기업의 노동 수요 감소를 유발한 것은 사실이나 근로자의 증가 역시 만들었다는 것이다. 아직은 로봇을 관리하는 사람이 필요하기 때문이다. 특히 고령화와 저출산으로 노동자가 부족한 상황에서 로봇이 하나의 대안으로 떠오르는 상황에 로봇세 도입은 시기상조라는 시각이다. 노동력을 대체할 필요성이 있는 로봇을 써주는 기업에 세금까지 거두면 반발이 생길 수밖에 없다. 아직은 시기상조라고 하지만 로봇이 점차 사람의 일자리를 대신하는 빈도가 높아지면 로봇세에 내한 논의는 다시 필요할 것으로 보인다.

 **어떻게 생각할 것인가**

우리는 하루에도 수많은 새로운 정보를 접하지만, 그런 과정에서 정보를 검증할 줄도 알아야 한다. 정보 검증은 제공된 정보가 정확한지 확인하는 것이다. 사실을 확인하지 않고 정보를 받아들이는 것은 잘못된 태도이다. 요즘처럼 미디어에 가짜 정보나 허위 뉴스가 많은 상황에서는 더더욱 그렇다. 정보 검증은 하나의 출처뿐 아니라 다양한 출처의 정보를 비교하는 것에서 시작한다. 다양한 미디어를 통해 정보를 확인해야 믿을 수 있는 정보를 얻고 균형 잡힌 판단을 할 수 있다. 새롭게 얻은 정보를 사실과 의견으로 구분해서 받아들이는 태도도 필요하다. 사실은 객관적이고 검증이 가능하다. 측정 가능한 현상이나 숫자로 표현되며 근거가 확실하다.

로봇세 도입의 근거를 찾아보기 위해 우리나라 로봇 산업의 흐름에 대한 자료를 찾아보자. 2017년 한국고용정보원이 조사한 내용이다. 우리나라 인공지능 로봇 전문가에게 물었더니 2025년경에는 인공지능 로봇이 본격적으로 사람의 일을 대체할 수 있을 정도로 고도화될 것이라고 전망했다. 사람의 업무 수행 능력이 7점이라면 2025년에는 4.29까지 따라잡을 수 있을 거라고 한다. 청소원이나 주방 보조원 등 직업 능력 수준이 낮은 단순직의 대체 가능성이 높고 회계사 등 전문직 대체 가능성은 상대적으로 낮게 나왔다. 회계사나 조종사의 업무 중 반복적인 부분에 대해서는 인공지능과 로봇으로 대체될 가능성도 높았다. 2025년에는 우리나라 전체 직업 종사자의 업무 수행 능력 중 70.6%가 인공지능 로봇으로 대체 가능하다고 의견이 모아졌다.

그렇다면 2023년에도 같은 결과가 나왔을까? 2023년에 한국은행은 다른 의견을 내놓았다. 20년 안에 일자리 약 340만 개가 인공지능으로 대체될 거라고 한다. 특히 인지적이고 분석적인 업무를 하는 의사, 회계사, 변호사 등 고소득 직업의 인공지능 대체 위험이 더 크다고 분석했다. 한국은행은 화학 공학 기술자, 발전 장치 조작원, 금속 재료 공학 기술자 등은 대용량 데이터를 활용해 인공지능으로 업무를 효율화하기 적합해서 대체될 가능성이 높다고 분석했다. 인공지능 노출 지수가 낮은 일자리는 음식 관련 단순 종사자, 대학교수 및 강사, 상품 대여 종사자, 종교 관련 종사자였다. 즉 임금 수준과 학력 수준이 높을수록 인공지능에 더 많이 노출된다. 인공지능이 비반복적, 인지적, 분석적 업무를 대체하는 데 더 많이 활용되기 때문이다.

2가지 자료를 비교 분석해보자. 2017년과 2023년의 분석 결과가 전혀 다르다. 만약 우리가 정보를 검증하지 않고 2017년 정보만 검색해서 수용했다면 우리는 합당하지 않은 정보를 수용하고 진실로 받아들였을 것이다. 이 예시를 통해 정보 검증이 필요한 이유를 확실히 알게 되었을 것이다.

 **비판적 사고력 UP!**

1. 정보 검증을 위해 활용할 수 있는 방법은 무엇인가?
2. 로봇세 도입을 위한 로봇의 활용에 대한 2017년과 2023년 정보를 비교 정리해보자.
3. 정보 검증이 필요한 이유는 무엇인가?

Chapter 5

# 환경

# 온실가스 배출권을 거래할 수 있다고?

온실가스는 지구 온난화의 주범으로 분류된다. 인간 활동에 의해 대기 중에 생기는 온실가스가 지구의 기온 상승과 변화에 막대한 영향을 주고 있다. 대기 중에서 태양으로부터 오는 복사선을 흡수하여 지구에 있는 열을 유지하는 역할을 한다. 온실가스에는 이산화탄소와 메탄, 이산화질소, 아황산화물, 유리체 등이 있다. 화석 연료를 사용하거나 산업 활동, 농업, 쓰레기 처리 등을 할 때 온실가스가 배출된다. 가스의 양이 증가하면서 지구의 평균 온도가 높아지고 있다. 극지방 빙하와 빙산이 녹고 해수면이 상승하며 전 세계의 기후 변화가 빨라지고 이에 따라 해양이나 육지의 생태계가 파괴되어 가고 있다.

온실가스는 극한의 기후 현상을 일으킨다. 허리케인의 위세가 점점 세지고, 가뭄이나 폭염 등이 갈수록 심해지고 있다. 강우량의 폭발적인 증가 등 이상 기후 현상도 세계 곳곳에서 발생한다. 온실가스가 해양으로 들어가면 해수를 산성화시키고, 조개류와 해양생물은 산성화의 영향을 받아 부정적인 변화를 겪을 수 있다. 또 생물 다양성 감소 및 생태계의 불안정성 증가로 이어질 수 있다. 온실가스 문제는 한 나라가 해결할 수 있는 문제가 아니다. 국제적으로 협력하고 전 세계가 함께 대응할 때 해결이 가능하다. 온실가스 감축을 위한 국제적인 협약 및 정책을 마련하고 신재생 에너지 및 지속 가능한 기술의 개발과 보급이 시급하다.

이에 대한 대책으로 제시된 것 중의 하나가 바로 온실가스 배출 거래제다. 기업이나 국가가 일정량의 온실가스를 발생시키는 권리를 가지고 이를 거래하거나 판매하는 시스템을 말한다. 이는 온실가스 배출량을 줄이고 지구 온난화를 막기 위한 하나의 방편으로 제시되었다. 정부는 기업이나 시설에 일정량의 온실가스 배출권을 할당한다. 이 할당량은 지역의 환경 상황에 따라 다르게 정해지며 이 배출권은 인증서 형태로 발행한다. 필요한 경우에는 추가 배출권을 구매할 수 있고 불필요한 경우 배출권을 판매할 수도 있다. 시장에서 수요와 공급에 따라 가격이 결정되고 거래는 유동적으로 이뤄진다. 국가 및 지역 단위의 거래도 가능하다. 국가 간 협력 체계를 통해 온실가스를 줄이는 목표를 달성하고자 함이다. 온실가스 배출에 대해 비용과 거래 개념을 도입해 친환경적인 방향으로 전환을 장려하기 위한 하나의 대안이다.

이는 효율적인 배출 감축에 도움이 될 것으로 보인다. 비용이 들어가기에 기업이나 국가가 온실가스 배출량을 줄이기 위해 노력할 것이기 때문이다. 시장 기반의 메커니즘을 도입해 스스로 효율적인 방법을 택할 기회를 준다. 기업이 더 효율적이고 친환경적인 기술을 개발·도입하려고 노력하면 새로운 환경 기술 개발이 이뤄질 수 있다. 또 국제적으로 표준을 만들면 공동으로 온실가스 감축을 위해 노력할 기반이 마련된다.

하지만 어떻게 공정하게 분배를 할 것인가의 문제도 있다. 특정 산업이나 국가에 불리하게 기준이 정해질 수 있다는 우려도 생긴다. 가격의 불안정성으로 기업에 부담을 줄 수 있다. 일부 산업은 온실가스 배출량을 줄일 수 없는 경우도 있다. 그럴 때의 해결 방법과 기준이 모호하며 감축 대신 거래에 집중할 가능성도 배제할 수 없다.

글이나 정보를 받아들일 때 비판적으로 읽고 생각하는 연습이 중요하다. 비판적 독해는 문장 및 단락의 논리적 구조를 이해하고 분석하는 능력을 높여준다. 작성자의 의도는 무엇이며 어떤 메시지를 전달하고 싶었는지 이해할 수 있다. 이는 무조건적으로 정보를 받아들일 때보다 객관적으로 정보를 판단할 수 있게 도와준다. 작성자의 가정이나 편견을 찾아보며 읽으면 더 좋다. 가정과 편견이 전체적인 주장이나 내용에 어떤 영향을 주고 있는지 분리해내는 데 도움이 된다. 작성자의 증거와 주장도 평가할 수 있다. 이를 전반적으로 이해하면 그 주제에 대해 자신의 생각을 논리적으로 정리하기 좋다.

어떻게 비판적으로 읽을 수 있을까? 먼저 텍스트에 대해 전체적으로 이해할 수 있어야 한다. 핵심 아이디어나 주제, 주장을 파악하고 텍스트의 구조를 이해한다. 작성자의 의도를 이해하고 증거와 근거를 평가할 수 있어야 한다. 증거와 근거가 충분히 타당한지 판단하며 정보를 수용한다. 주장과 증거의 배치가 논리적인지 따져보고 비교와 대조, 용어 정리를 통해 내용을 정리할 수 있으면 좋다. 주요 내용에 대한 자신만의 비판적인 질문을 만들어 대답하다 보면 주제에 대한 자신의 의견을 정리하고 심도 있게 내용을 파악할 수 있다.

그렇다면 온실가스 배출권 거래에 대해 비판적 독해를 해보자. 주제는 온실가스가 지구 온난화를 일으키며 이를 해결하기 위해 기업과 국가 간의 온실가스 배출 거래제를 시행할 것이라는 내용이다. 글의 구조를 살펴보면 처음엔 온실가스의 문제점에 대해 알려주고 그에 대한 대책으로 온실가스 배출 거래제를 소개한다. 이어 온실가스 배출 거래제의 장단점을 통해 조금 더 깊이 있게 알 수 있도록 도와준다. 글의 내용에서 딱히 주장하는 바는 없기에 작성자의 관점이 드러나지는 않지만, 객관적으로 장단점을 정리하는 과정을 통해 생각을 정리할 수는 있다. 온실가스 배출 거래제의 장점이 중요한지 단점을 더 심각하게 다루는지에 따라 나의 판단 방향이 결정될 것이다. 이처럼 글을 자세하게 분석하며 읽다 보면 사안에 대한 이해도 높아지고 나만의 생각도 정리할 수 있다. 비판적 사고를 하면서 글의 내용을 정확하게 분석하며 파악해야 하는 분명한 이유이다.

 ## 비판적 사고력 UP!

1. 온실가스 배출 거래제에 대해 정리해보자.
2. 온실가스 배출 거래제의 장단점 중에서 가장 중요하게 생각되는 것은 무엇인가?
3. 온실가스 배출 거래제에 대한 나의 의견과 그 의견에 대한 이유를 적어보자.

# 02 탄소 중립만이 살길이다

탄소 중립이란, 우리가 발생시키는 탄소 배출량을 줄이고 발생한 탄소를 흡수하거나 상쇄하여 순 탄소 배출량을 제로로 만드는 것이다. 이를 위해서는 우선 기업이나 조직의 온실가스 배출량을 측정한다. 이를 '탄소 발자국'이라고 한다. 주로 이산화탄소의 온실가스를 측정한다. 다음으로 측정된 탄소 발자국을 줄이기 위한 전략을 도입한다. 에너지 효율화나 신재생 에너지 사용, 생산 과정의 최적화 등을 포함한다. 가능한 한 많은 신재생 에너지원을 도입하여 전력을 생성하고 이를 통해 온실가스 배출을 최소화한다. 온실가스 양을 완전히 줄이지 못할 경우에는 탄소 오프셋 프로젝트에 투자하여 상쇄한다.

탄소 오프셋 프로젝트란, 온실가스를 줄이거나 제로로 만드는 전략의 일부로, 폐쇄된 지역이나 손상된 산림지에 새로 나무를 심어 산림을 복원하거나 증진하는 것이다. 나무들은 대기 중의 이산화탄소를 흡수하여 공기를 정화하고 숲은 온실가스를 저장하는 역할을 한다. 산림이 파괴되는 것을 방지하고 이미 파괴된 산림을 보호하는 활동도 한다. 파괴된 산림이나 숲은 온실가스를 배출할 수 있기에 이를 방지하고 새로운 나무 심기를 통해 탄소 배출을 줄인다. 풍력이나 태양광 발전을 통해 화석 연료에 의한 발전을 대체해 온실가스를 줄이고, 산업 및 건물 에너지를 효율화한다. 생산 공정이나 건물의 에너지 효율을 높이는 과정에서 에너지 소비를 줄여 온실가스 배출을 낮출 수 있다. 폐기물을 관리하거나 폐기물 매립지의 메탄가스를 회수하여 이를 소각하기도 하며, 습지 지역의 생태계 보전을 통해 온실가스 배출을 감소시키기도 한다. 이렇듯 탄소 오프셋 활동으로 탄소 배출량이 줄어들면 탄소 중립을 공식적으로 인증받고 주기적으로 탄소 중립 보고서를 작성하여 성과를 공개하게 된다.

탄소 중립을 실현하기 위한 방법으로는 앞서 소개한 탄소 오프셋 이외에도 여러 가지 방법이 있다. 친환경적 재생 에너지인 태양광, 풍력, 수력 등의 에너지를 적극적으로 도입하여 탄소 배출량을 줄인다. 첨단 기술의 도입과 생산 과정의 개선을 통해 탄소 배출을 감소시킨다. 탄소 포집 및 저장 기술, 친환경적인 제조 과정을 통해 탄소 배출을 줄일 수 있다. 지속 가능한 농업기술과 관행을 도입하여 온실가스 배출을 줄이고 토양의 탄소 저장 능력을 향상시키기도 한다. 숲을 보호하고 새로운 숲을 만드는 과정과 이 모든 것을 국제적으로 협력하며 함께 규제하는 과정도 필요하다. 개인이 어떤 생각을 갖느냐도 중요하기에 생산과 소비 단계에서 친환경 제품의 사용 및 서비스를 늘려 주어야 한다. 생산 과정에서부터 온실가스를 줄이고 공급망도 친환경적으로 변화할 때 탄소 배출을 더 많이 줄일 수 있다.

탄소 중립은 인류를 위해 우리가 나아가야 할 방향이지만 결코 쉬운 일은 아니다. 지구 환경에 대한 인식을 갖고 모두 함께 참여하고 협력할 때만 이뤄낼 수 있다. 각 개인이 탄소 중립에 관심을 갖고 지속적으로 친환경적인 소비를 하여 탄소 중립에 가깝게 접근할 수 있도록 노력해야겠다.

## 📖💡 어떻게 생각할 것인가

비판적 사고는 특정 주장이나 상황을 다양한 시각에서 평가하고 분석하는 능력을 말한다. 이는 다양한 측변을 고려하는 것에서 시작된다. 다양한 측면을 고려한다는 것은 다양한 정보를 수집한다는 의미이다. 다양한 출처와 의견을 탐색하면서 더 많은 정보를 통해 주장이나 정보를 이해할 수 있는 폭을 넓힐 수 있다. 이는 특정 측면에 치우치는 것을 방지하며 주관적인 선입견을 줄이고 객관적인 판단을 할 수 있다. 체계적이고 다양한 분석을 통해 문제의 본질에 손쉽게 접근할 수 있으며 각 측면의 단점과 강점을 파악하여 논리적인 주장으로 나아갈 수 있게 만들어준다.

이는 다양한 미디어를 통한 소스나 매체를 통해 수집할 수 있다. 특정 주제의 전문가와의 대화나 토론 및 토의에 참여하는 것도 좋다. 인터넷 웹사이트나 블로그 등을 통해 다양한 의견과 정보를 접할 수 있다. 다양한 배경을 가진 사람과의 소통을 통해서도 가능하다. 학문적인 연구나 역사적 배경을 학습하면서 시각을 늘릴 수도 있다. 이런 과정을 통해 자신의 의견에 대한 객관적인 판단이 가능하며 자신의 견해를 조정하거나 발전시킬 수 있게 한다.

탄소 중립에 대해 고려해봐야 할 사항은 무엇일까? 탄소 오프셋이 실제 환경에 미치는 영향에 대한 고민이다. 나무를 심는다 해도 즉각적인 효과를 얻을 수는 없다. 나무 관리가 안 되면 죽거나 산림이 다시 파괴될 수 있는 문제도 있다. 탄소 오프셋이 의도는 좋으나 과연 얼마나 효과를 얻을지는 생각해봐야 하는 부분이다. 또 실제직으로 기업이 탄소 오프셋을 위해 얼마나 노력하느냐도 의문이다. 이미지 관리를 위해 관리한다고는 하지만 실제적인 노력은 알 수 없는 부분이다.

탄소 중립을 실현할 수 없는 일부 산업에 대한 문제도 고려 대상이다. 탄소 중립을 할 수 없는 기업에 비해 해당되는 기업의 부담이 커지면서 형평성 논란이 발생한다. 탄소 오프셋 시장이 제대로 유지되고 있다는 신뢰성이 낮은 것도 문제. 제대로 정책이 이뤄지고 책임 있게 참여하는지에 대한 믿음이 없다면 정책을 더 넓은 범위에 적용하는 것이 어려울 수밖에 없다. 기업이나 국가가 자체적으로 탄소 중립의 목표를 설정할 때 이 목표가 얼마나 환경 문제 해결에 도움이 되는지도 알 수 없다. 소비 패턴의 변화나 제대로 된 소비 교육이 없으면 탄소 중립이 이뤄지지 못하는데, 이것의 실현 여부 또한 정확하게 단정할 수 없는 어려움이 있다.

탄소 중립이 지구에 분명 도움이 되는 정책은 맞다. 하지만 이를 제대로 실현하는 방법에 대해서는 의문이 많은 것이 사실이다. 하나의 정책을 실현하는 데 있어 그만큼 고려해야 할 사항이 많기 때문이다. 이 부분들을 염두에 두고 다양성을 체크하면서 정책을 분석할 때 조금 더 깊이 있고 논리적인 접근이 가능하다. 이것은 비단 탄소 중립의 문제만이 아니다. 우리가 어떤 사안에 대해 고민할 때 반드시 필요한 자세이다.

##  비판적 사고력 UP!

1. 탄소 중립을 실현할 방법은 무엇인가?
2. 탄소 중립의 실현이 어려운 이유는 무엇인가?
3. 탄소 중립에 대한 다양한 견해를 알아본 후 생각이 바뀐 부분이 있다면 적어보자.

## 03 바이오해커가 뭐야?

바이오해커란, 생명과학 기술과 정보 기술을 접목하여 혁신적인 방식으로 생물학적 시스템을 조작하고 개조하는 사람이다. 이들은 생물학을 스스로 공부하고 실험한다. 유전자 조작과 같은 기술을 활용하여 생명체를 변형하거나 개선하려고 시도한다. 생명체의 유전자를 수정하거나, 생물학적인 시스템을 개발하여 새로운 기능을 추가하거나, 원래의 기능을 향상시키는 등 다양한 목적으로 활동한다. 바이오해커는 2012년 차세대 유전자 가위인 크리스퍼를 통해 주목받기 시작했다. 크리스퍼는 유전자 편집 기술로 저렴하고 간단하게 유전자를 잘라내고 변경할 수 있다. 유전자를 수정하고 조작하는 데 사용되는 혁신적인 도구다. 생명과학 연구, 유전자 치료, 작물 개량, 질병 예방 등 다양한 분야에서 주목받는 탐구 대상이 되었다. 바이오해커들은 크리스퍼를 활용해서 발광 식물, 진단용 미생물, 항암 성분이 포함된 맥주 등 다양한 합성 생명체를 만들었다.

바이오해커들은 자신의 몸에 크리스퍼를 적용한 유전자 치료를 시도했다. 특정 유전자를 삭제하여 질병에 대한 저항성을 갖는 생물체를 개발하거나 작물의 생산성을 향상시키기 위해 유전자를 수정하는 등의 작업을 수행한다. 새로운 의약품을 만들 수도 있다. 특정 질병 치료를 위한 신약 후보 물질을 찾는 것을 돕거나 약물의 효능 향상 및 부작용을 줄이는 것에 유전자 조작을 사용할 수 있다. 환경 문제에 대응하기 위해 오염 물질을 분해하거나 바이오센서를 개발하여 환경 오염을 감지하는 물질을 만들 수도 있다. 자신의 기술을 공유하고 협업하는 활동을 통해 다양한 분야에서 업적을 이룰 수 있다.

바이오해커의 활동에는 긍정적인 면이 존재한다. 개인적인 시도를 통해 정형화된 과학계에서 이루지 못하는 것에 도전하고 성과를 만든다. 또 약제 개발이나 건강 회복, 보다 간단하고 저렴한 진단검사를 만들어내는 데도 도움이 된다. 창의적이고 혁신적인 생물학 실험을 통해 새로운 기술을 만들어내기도 한다. 하지만 안정성과 보안 문제에 대한 고민을 안고 있다. 생명을 너무 가볍게 여긴다는 문제도 있다. 잘못된 방향으로 쓰일 경우 바이오테러나 바이오에러를 일으킬 수도 있다. 바이오테러란, 생물학적인 물질이나 생물체를 악용하여 사람들이나 환경에 안 좋은 물질을 만들어내는 행위이다. 바이오에러는 이 연구 과정에서 발생할 수 있는 실수나 오류를 말한다. 이런 문제들이 발생하면 자연이나 환경에 악영향을 미칠 수 있다. 자신의 몸이나 다른 생물체를 다룰 때 생명의 가치를 침해하지 않는 범위에서 행해야 하지만 그 기준이 불분명하다. 자율적으로 규제를 만들어 사용하기 때문에 순전히 개인의 윤리 의식에 의존할 수밖에 없다는 점도 아쉬운 점으로 꼽는다.

바이오해커는 고가의 장비와 시설을 필요로 하지 않기에 비용을 아끼며 바이오산업의 진입 장벽을 낮춰주는 존재이다. 소외되거나 차별받는 소수를 위한 기술을 만든다는 이점도 분명히 존재한다. 하지만 안전성과 보장성, 윤리성이 확보되지 않은 채 개인에게만 맡길 경우 문제의 소지가 될 부분이 분명히 존재한다.

## 어떻게 생각할 것인가

바이오해커라는 개념은 우리가 이해하기 쉽지 않다. 이 개념을 이해하기 위해서는 예시가 필요하다. 우리가 예시를 알아보는 것은 구체적이고 실질적인 상황을 이해하는 데 도움이 된다. 추상적인 개념을 살펴볼 때는 예시를 활용하는 것이 효과적이다. 예시를 통해서 개념과 이론을 현실적인 상황에 적용해보면 더 쉽게 이해할 수 있다. 예시를 살펴보면서 이러한 의문을 두루 채워줄 수 있는 사례의 선택이 중요하다. 여러 가지 예시 중에서 중립적으로 사안을 정확히 표현할 수 있는 예시를 고를 줄 알아야 한다. 예시는 문헌이나 뉴스 및 매체, 역사적 사례나 업체 보고서를 통해 얻을 수 있다. 전문가의 인터뷰나 토론, 소셜 미디어나 온라인 커뮤니티에서도 찾을 수 있다. 정부 기관 보고서나 팟캐스트에서도 찾을 수 있다. 이렇게 다양한 자료에서 사안에 적합한 예시를 어떻게 찾을 수 있을까?

관련 사안과 연결된 예시를 다양하게 찾아보는 것도 좋다. 다양한 사례를 접해야 더 정확한 사례를 고를 수 있다. 가능한 한 중립적인 예시를 찾아야 한다. 한쪽에 치우친 예시로는 정확성을 보장받을 수 없다. 출처가 정확하고 믿을 수 있는 예시라면 좋다. 예시는 주제나 사안을 이해하기 위해 찾아보는 것이다. 이해하기 쉬운 예시에서 고르는 것도 좋은 방법이다. 그렇다면 바이오해커의 예시를 통해 조금 더 이 주제를 깊이 이해해보자.

유명한 바이오해커 중에 데이브 아스프리가 있다. 그는 미국의 기업인이자 작가, 명상가였다. 그가 창립한 버터커피는 건강한 식습관과 바이오해킹을 적용한 다양한 제품을 판매한다. 그가 바이오해킹을 하게 된 것은 몸무게가 140kg이 되면서 심각한 건강 문제가 생기자 직접 자신의 몸을 바이오해킹하면서부터였다. 그는 블랙커피에 버터와 코코넛오일을 더한 방탄 커피를 개발했다. 방탄 커피는 공복감 해소, 에너지 공급에 효능이 있는 것으로 알려져 있다. 데이브 아스프리의 방탄 커피는 문제가 없을까? 방탄 커피는 저탄고지 식단의 부작용과 콜레스테롤 수치 증가 등의 부작용을 나타냈다. 고지방 음료라 소화에 어려움을 주기도 하고 다양한 영양소를 주는 식사로는 부적합했다. 또 각 개인의 건강 상태에 따라 다르게 반응해 방탄 커피가 모든 사람에게 유익할 수는 없다는 결론에 이르렀다.

이처럼 바이오해킹의 예시를 살펴보면 바이오해커에 대해 더 깊이 있게 이해할 수 있다. 우리가 생각을 정리할 때 특히 어려운 사안에 대해서는 예시를 찾아보는 것이 도움이 된다.

 ## 비판적 사고력 UP!

1. 바이오해커가 무엇인지 정리해보자.

2. 바이오해커의 예시를 찾아 활동을 적어보자.

3. 예시를 찾아본 것이 바이오해커를 이해하는 데 어떤 도움이 되었는가?

# 위험한 원자력 발전은 그만!

원자력 발전은 핵분열을 통해 에너지를 생산하는 방식이다. 전기를 생산하거나 산업용 열에너지를 공급하는 데 사용된다. 핵연료로 우라늄이나 토륨과 같은 원자력 연료를 사용하여 중성자의 충돌과 핵분열 반응이 일어나고 이때 발생한 열을 이용해 전기를 생산한다. 원자력 발전은 에너지를 생성할 때 대기 중에 이산화탄소를 배출하지 않으므로 탄소 중립적이다. 대기 중의 온실가스 발생을 감소시키고 일정한 전력 생산을 유지해 전력 공급을 안정적으로 할 수 있으며 소량의 원료를 이용해 많은 양의 전기를 생산할 수 있다는 장점이 있다.

그러나 핵분열 반응으로 발생한 폐기물인 방사능을 안전하게 처리하는 데 어려움이 있다. 핵 사고의 발생 가능성이 존재하며 핵 사고는 환경 오염뿐 아니라 인명 피해를 일으킬 수 있다. 발전소를 짓고 운영하는 비용이 높으며 핵연료의 생산과 사용은 핵무기 생산에 활용될 수 있어 위험성을 가진다. 그래서 원자력 발전소를 폐기해야 한다는 주장이 심심치 않게 보인다. 핵 사고로 인한 방사선 노출과 환경 오염 문제를 간과할 수 없기 때문이다. 후쿠시마 핵 사고는 현재 진행형이라 미래에 어떤 나쁜 영향을 미칠지 알 수 없어 더욱더 두려움이 크다. 이러한 위험을 감안한 정부과 사회의 반대, 비용 부담, 기술적인 한계, 안전 문제 등이 대두되면서 원자력의 대안을 마련해야 한다는 목소리가 커지고 있다.

원자력 발전의 대안으로는 재생 에너지가 있다. 태양광, 풍력, 수력 등의 재생 에너지는 지속적으로 사용 가능한 에너지원이다. 이들은 온실가스도 배출하지 않으면서 안전하다. 지하 깊숙한 지열 에너지도 대안으로 제시된다. 지열을 이용하여 발전소를 설치하면 친환경적이며 에너지원의 공급도 안정적이다. 수소를 연료로 사용하는 수소 연료 전지는 깨끗한 에너지원으로 각광받고 있다. 수소는 연료 전지를 통해 전기와 물을 생산하는 과정에서 발생하는 배출물이 물밖에 없어 핵폐기물을 가진 원자력 발전과 극명하게 비교된다. 이러한 대체 에너지들을 집약하는 기술을 통해 원자력 발전소 없이도 안정적으로 에너지를 생산하고 저장할 수 있다. 이런 대안이 존재하는데도 원자력 발전소는 왜 폐기하지 못하고 있는 것일까?

원자력 발전소에 대한 지역 사회와 국민의 저항 때문이다. 폐기하는 과정에서 안정성 확보와 폐기가 옳은 것인가에 대한 합의가 이뤄지지 않았다. 초기 투자 비용과 건설 비용이 높게 책정된 만큼 폐기했을 때 다른 에너지로 전환하는 것에 대한 반발도 있다. 안정적으로 공급되는 에너지를 공급받지 못할 수도 있다는 불안감과 그만큼 관련 인력이 감축되어야 한다는 경제적인 이유도 있다. 이처럼 다양한 의견이 존재하는 원자력 발전소 폐기 논의에 대해서는 여전히 쉽지 않은 과정이 남아있다.

## 📖💡 어떻게 생각할 것인가

원자력 발전소에 대한 이슈가 정리되어 있는 글을 읽었다. 한 가지 사안의 이슈에 대해 깊이 생각하는 것은 문제의 본질을 바라보고 균형적·포괄적으로 이해하는 데 도움이 된다. 특정 이슈에 대한 고민은 대화와 협의의 출발점이다. 이슈를 분석하면서 이견을 좁히고 합의점에 도달하는 의사소통 과정에 도움이 된다. 이렇게 이슈를 분석하는 방법은 다양한 관점을 고려한 정보 수집이 그 시작이다. 서로의 의견이나 관점을 모아볼 때 문제의 핵심을 더 잘 알 수 있다. 또 수집한 정보를 논리적으로 분석할 수 있어야 한다. 이때 자신의 가치와 원칙이 무엇인지를 알 수 있다. 그것을 알고 나면 편향된 사고를 막을 수 있다. 사회적이고 윤리적인 측면을 고려해서 이슈를 분석하고 모순을 찾아낸다. 그 모순을 해결할 수 있는 방법에 대해 고민하고 효과와 결과를 예측해본다. 다른 사람의 의견이나 피드백을 고려하여 판단하는 것도 도움이 된다. 이렇게 이슈를 분석해보면 자연스럽게 생각하는 힘이 늘어난다.

그렇다면 원자력 발전에 대해서는 어떤 이슈를 생각해볼 수 있을까? 원자력 발전소 존치와 폐지의 입장을 살피려면 원자력 발전소의 안전 이슈에 대해 생각해봐야 한다. 핵 사고는 일어날 가능성만으로도 공포일 정도로 환경과 인간 건강에 큰 피해를 끼치기 때문이다. 안전한 방법으로 관리되지 않으면 계속된 사용이 곤란하다. 발전 과정에서 나오는 핵폐기물의 안전성에 대해서도 고려해봐야 한다. 핵폐기물의 장기적인 보관과 안전한 처리 문제를 해결하지 않으면 안 될 것이다.

우리가 원자력 발전소 폐기에 대해 생각할 때 또 염두에 두어야 할 것은 비용과 경제성의 문제이다. 건설과 유지 보수 비용이 비싼 만큼 해체나 폐쇄 비용도 높을 수밖에 없다. 이런 경제적 부담을 감수하고도 폐기할지에 대한 논의와 합의가 필요하다. 사회적인 안전 우려와 이러한 경제성의 원리 사이에서 어떤 선택이 옳은지에 대해 고민해야 한다.

이제 원자력 발전소가 위험한데도 불구하고 쉽사리 사라지지 않는 이유를 이해했는가? 그렇다면 더더욱 깊이 있는 사고로 한 단계 발전했다고 볼 수 있겠다. 이렇듯 이슈를 정리해보는 것이 사안을 깊이 있게 이해하는 데 도움이 된다.

## 🏠 비판적 사고력 UP!

**1.** 원자력 발전소의 폐기가 논의되는 이유는 무엇인가?

**2.** 그럼에도 원자력 발전소를 폐기하지 못하는 이유는 무엇인가?

**3.** 원자력 발전소 폐기에 대한 이슈를 한 문장으로 정리해보자.

폐제품은 사용이 끝난 제품으로 폐기물로 처리되거나 재활용되는 대상을 가리킨다. 폐제품의 양이 만만치 않기에 이를 재활용하기 위한 노력이 필요하다. 폐제품 재활용은 자원 보존에 도움이 된다. 재활용을 통해 사용된 제품이 새로운 제품으로 변화하여 새로운 자원이 쓰이는 것을 막을 수 있기 때문이다. 이는 자연 자원의 소비와 과다 생산물 생성을 방지하여 지속 가능한 생태계를 유지할 수 있게 한다. 새로운 제품을 만드는 데 원료 채취와 가공 과정에서 에너지가 필요하다. 재활용은 이러한 에너지 소비를 줄여준다. 재활용된 자원을 통해 제품을 만들면 새로운 원료를 채취하는 과정에서 발생하는 에너지를 절약할 수 있다. 새로운 제품을 만드는 과정에서 발생하는 온실가스를 감소시킨다. 폐제품을 재활용하면 자원을 덜 사용할 뿐만 아니라 생산 과정에서 발생하는 온실가스를 감소시킨다. 재활용 산업은 일자리를 창출하고 새로운 일자리를 만들어 경제 성장에도 도움이 된다. 일부 폐기물은 토양과 수질에도 나쁜 영향을 준다. 폐기물을 재활용하면 폐기물이 지표의 물과 지하수에 침출되는 것을 방지하고 땅과 물을 오염으로부터 보호한다. 재활용은 한정된 자원을 오랜 기간 사용할 수 있게 해준다. 자원의 생산과 폐기물 처리 과정에서 발생하는 오염을 감소시킨다. 쓰레기 처리장에 쌓이는 양을 줄이고 자원을 재활용함으로써 환경 오염의 원인을 줄여준다.

폐제품 활용은 다양하게 이뤄지고 있다. 사용된 알루미늄 음료수 캔은 수거된 후 용융되어 알루미늄 재료로 변환되는데 이를 재사용하여 새로운 캔이나 알루미늄 재료로 생산된다. 폐자동차의 금속 부품은 분해 및 정제 후 다양한 금속으로 재활용된다. 사용된 신문은 펄프화되어 종이로 재생되는데 이를 다시 신문으로 만들거나 기타 종이 제품에 활용한다. 사용된 카드

보드 상자들은 펄프화된 후 새로운 상자나 포장재로 재생된다. 사용된 플라스틱병은 세척 및 분쇄된 후 재생 플라스틱으로 바뀌는데 이 재생 플라스틱은 새로운 병이나 다양한 플라스틱 제품으로 재활용된다. 폐기된 플라스틱 제품은 재활용되어 야외 가구나 다양한 플라스틱 제품으로 다시 활용된다. 사용된 유리병은 수거된 후 새로운 유리 제품으로 만들어지고, 폐기된 휴대전화는 안전한 방식으로 분해되어 그중 재활용 가능한 자원들은 추출된다. 금속이나 플라스틱 등의 재료는 다시 전자 제품의 생산에 사용된다.

폐제품 재활용이 활용되는 과정은 수거 단계부터 시작된다. 분리한 폐제품은 세척하고 정제하는 과정을 거친다. 플라스틱이나 금속은 오염 물질을 제거하고 재활용 가능한 상태로 만들기 위해 세정하고 정제한다. 분리된 재료는 각각의 재활용 가공 시설로 보내진다. 재료를 더 세부적으로 가공하여 재생 가능한 원료로 변환한다. 플라스틱은 펠릿 형태로 만들어지고 유리는 새로운 유리 형태로 만들어진다. 재생된 원료가 새로운 제품으로 만들어져 시장에 공급되는 방식이다. 재활용은 이렇듯 자원 순환을 위해 도움을 주는 만큼 더욱 활성화되어야 할 것이다.

## 📖💡 어떻게 생각할 것인가

폐제품의 재활용에 대해 알아보았다. 앞으로 더 많은 재활용이 필요하기 때문에 현재에 머물지 않고 새로운 방법을 계속해서 찾아야 한다. 이 과정에서 다양한 측면의 문제를 알아보고 다양한 옵션을 고려하는 능력이 향상될 수 있다. 다양한 자원과 기술을 활용하여 문제를 해결하다 보면 창의성이 계발된다. 여러 관점에서 문제를 바라보는 눈을 길러주어 환경이나 경제, 기술, 사회적 측면의 다양한 영역을 고려하여 통합적이고 효과적인 해결책을 찾을 수 있다. 사회의 민감한 변화에 대응하며 적절한 대응책을 찾아보는 것은 물론, 사회 문제에 대해 책임감을 갖고 해결 의지를 갖는 데도 도움이 된다.

방법은 최신 연구나 트렌드를 조사하고 업계의 동향을 파악하면서 찾을 수 있다. 사용자의 피드백을 모아서 그에 적절한 대안을 생각해보는 것도 좋다. 지역의 동향을 살피고 공공 기관에서 모은 의견들을 종합해서 생각해볼 수 있다. 어떤 새로운 기술이 나왔는지 찾아보고 그것과 연결해서 새로운 방법을 구상해보는 것도 도움이 된다. 그렇다면 폐제품 재활용의 새로운 방법에는 어떤 것이 있을까?

현대의 고급 센서와 이미지 분석 기술을 통한 폐기물 활용 방법이 있다. 인공지능과 머신러닝을 통해 폐기물을 분리하고 재활용 가능한 것을 추출하면 새로운 방식의 재활용에 도움이 된다. 로봇과 자동화 기술은 폐기물 처리 공정을 자동화하여 인력을 절약하고 처리 속도를 높인다. 특히 로봇은 분해나 분류, 선별 작업에서 유용하다.

미생물을 활용한 바이오리서클링도 있다. 바이오리서클링은 생물학적인 과정을 활용하여 자연 속에서 발생하는 재료나 폐기물을 재활용하고, 자원을 유지하며, 환경을 보호하는 개념이다. 이는 생물학적인 분해, 분해 생물의 활동 그리고 자원 회수와 재활용 등을 통해 이뤄진다. 일반적으로 음식물 쓰레기나 유기 폐기물을 분해하여 유기농 비료로 활용하거나 메탄가스로 변환하여 에너지를 생산한다. 이러한 과정에서 유해한 물질의 배출을 최소화하고, 자원을 유지하며, 지속 가능한 방식으로 재활용을 실현한다. 폐열을 활용해 열을 회수하고 에너지를 생성하는 기술도 등장했는데, 폐열을 재생 에너지로 변환해 환경적으로 안전하게 활용할 수 있다. 제품 디자인 초기에 재활용이 고려된 생태학적으로 친화적인 제품을 만들고 제조 과정에서 폐기물을 최소화하는 것도 재활용의 새로운 방식으로 떠오르고 있다. 블록체인 기술을 활용하여 실시간 모니터링을 하고 폐기물의 원천부터 재활용까지 과정을 추적하는 것으로 진화되기도 했다. 이처럼 폐기물 재활용에도 인공지능의 발달과 더불어 새로운 대안이 떠오르고 있다. 지속적인 연구와 산업의 선택을 통해 더욱더 효율성을 높일 수 있을 것으로 기대된다.

 **비판적 사고력 UP!**

1. 폐제품 재활용이 어떻게 되고 있는지 정리해보자.
2. 폐제품 재활용의 새로운 대안으로 떠오르는 방법은 무엇인가?
3. 폐제품 재활용을 위해 내가 노력할 수 있는 점이 있다면 무엇인가?

# 완전 채식으로 지구 온난화를 막을 수 있을까?

완전 채식은 식생활의 한 형태로 완전한 채식주의를 의미한다. 완전 채식주의자는 동물성 식품을 전혀 섭취하지 않는다. 채소나 과일, 견과류, 씨앗, 곡물 등의 식물성 식품만을 먹는다. 비건 식단은 동물성 식품 소비를 최소화하기에 동물 복지에 긍정적이다. 축산업은 탄소 배출, 땅 사용, 수자원 소모 등의 환경 문제를 증가시킬 수 있다. 비건 식품은 식이 섬유, 황산화제, 비타민, 미네랄 등이 풍부하여 건강에 도움이 된다. 심혈관 질환이나 당뇨병의 발병 위험을 감소시킬 수 있다. 과다한 포화 지방과 콜레스테롤 섭취를 피하게 하고 식이 섬유를 통해 포만감을 높일 수 있다.

하지만 일부 영양소를 충분히 섭취하지 못한다는 한계도 있다. 특히 비타민 B12, 철, 아미노산과 같은 일부 영양소가 부족할 수 있다. 따로 영양 보충을 해야 할 경우도 생긴다. 주변 사람과 식사할 때 식사 패턴이 달라 번거로울 수 있으며 식재료를 대체할 다양한 채소와 대체 식품을 얻기가 어려울 수 있다. 일부 식재료 가격이 높아 완전 채식을 하는 데 경제적 부담도 존재한다. 완전 채식이 모든 사람에게 적합한 것은 아니며 어떤 사람에게는 오히려 건강에 안 좋은 영향을 미칠 수도 있다.

이러한 단점이 있음에도 완전 채식은 지구 온난화 개선에 있어서 이점을 갖는다. 온실가스의 주요 배출 원인인 축산업의 식품 소비를 줄여준다. 가축은 소화 과정에서 메탄을 방출하고 축산업에서는 건물 가열이나 출하 및 가공에 에너지를 써 이산화탄소를 방출하며 지구 온난화에 영향을 미친다. 채식 식단이 축산업 소비를 줄여 온난화에 기여할 수 있다. 또 채식 식단은 더 적은 농업 용지를 필요로 해 땅과 물의 수요를 줄인다. 채식의 증가로 남는 농업 용지를 다른 방식으로 활용할 수 있다. 물의 사용량도 줄여준다. 대규모 축산업은 자연 생태계를 파괴하고 산림을 감소시키는 역할을 하지만 채식 식단은 생물 다양성을 보호하는 데도 도움이 된다.

 그러나 반대로 환경에 도움이 안 되는 부분도 존재한다. 동물성 식품을 대체하는 식품이 가공 과정을 거치면서 에너지를 소비하고 이산화탄소를 배출하기 때문이다. 국제 운송과 재료 수입을 늘려 환경적인 문제를 만들기도 한다. 또 대부분의 채식 식단이 생태계를 파괴하는 대규모 농업이나 화학 비료, 농약 사용으로 인한 토양 및 물의 오염에 영향을 줄 수도 있다. 대체 식품인 카카오나 아보카도는 비생산 지역에서 수요가 많아 생산 지역의 산림 파괴를 일으키기도 한다. 완전 채식이 친환경적으로 보이지만 식단 외의 활동이나 소비 습관 등이 환경에 미치는 영향도 무시할 수 없는 부분이다.

## 📖💡 어떻게 생각할 것인가

우리는 비판적으로 사고하기 위해 논리적으로 분석할 줄 알아야 한다. 주장과 주장의 근거, 결론을 논리적이고 체계적으로 따져 평가해보는 것이다. 분석할 문제의 범위를 정하고 해결하거나 이해하려는 문제 혹은 주장을 정확히 정의한다. 관련된 정보는 출처를 확인해 신빙성 있는 것으로 수집한다. 수집한 정보의 신뢰성과 타당성을 평가하여 왜곡되거나 편향된 정보는 없는지 찾아본다. 이렇게 모은 정보를 기반으로 논리적 판단을 한다. 주장과 주장 사이의 논리적 관계를 탐색하고 정보를 통해 결론을 내리는 것이다. 자신의 판단이 편향되거나 부족한 부분은 없는지 객관적으로 평가하고 비판적으로 검토한 다음 분석 결과를 명확하고 일관되게 표현한다. 그 결과를 다른 사람의 피드백을 통해 분석하고 수정하는 과정도 필요하다.

완전 채식이 지구 온난화에 미치는 영향에 대해 논리적으로 분석해보자. 축산업은 메탄 등 강력한 온실가스를 배출하여 지구 온난화에 영향을 준다. 완전 채식은 축산업 수요를 줄여 온실가스 감소에 영향을 준다. 축산업에 필요한 농지를 줄이고 물을 아껴 농업 용지의 활용 및 수자원 보호에 도움이 될 수 있다. 다양하게 활용될 수 있는 농업 용지에 여러 생물을 재배해 생물 다양성과 자연 생태계 보호에 기여한다.

이 중에서 한 가지를 골라 논리적으로 분석해보자. 식물성 식품이 동물성 식품에 비해 생산에 효율적이라는 전제를 증명해보자. 식물성 식품은 동물성 식품에 비해 대체로 생산에 더 적은 양의 물, 땅, 에너지를 사용한다. 동물성 식품이 동물의 성장과 번식 주기에 영향을 받아 생산 주기가 오래 걸리는 것에 비해 식물은 더 빠른 주기로 생산된다. 식물성 식품은 더 적은 공간이 필요하므로 농업 용지의 효율적인 활용에 도움이 된다. 이 같은 분석을 통해 완전 채식은 농업 용지를 효율적으로 사용하고 생산 주기를 줄여 지구 환경에 긍정적인 영향을 줄 수 있다고 정리할 수 있다. 물론 반대의 의견도 논리적으로 증명할 수 있다. 이러한 과정들을 통해 논리적으로 분석하는 과정을 연습하면서 생각을 더 체계적으로 바꿔 나갈 수 있다.

 **비판적 사고력 UP!**

1. 완전 채식이 지구 온난화에 영향을 줄 수 없다는 이론을 논리적으로 정리해보자.
2. 완전 채식은 지구 온난화에 어떤 영향을 준다고 생각하는가?
3. 논리적으로 생각을 정리해보며 얻게 된 이점은 무엇인가?

# 지구의 식량과 물 부족 문제는 해결될 수 있을까?

지구의 식량 문제는 앞으로 큰 이슈가 될 전망이다. 세계 인구가 증가하고 있으며 식량 수요도 늘어났다. 기후 변화와 가뭄, 홍수, 극한 기온 등의 자연재해로 식량에 문제가 생길 수 있다. 물, 비료, 토양의 자원 부족은 식량 생산에 영향을 준다. 따라서 이에 합당한 농업 생산성 향상과 효율적인 작물 재배 기술 및 시스템이 필요하다.

생산뿐 아니라 소비의 문제로도 식량 공급에 어려움이 생기기도 한다. 소득 부족과 빈곤, 경제 불균형 등으로 식량 구매력이 낮아지면 원활한 식량 공급에 어려움을 겪는다. 국가 간의 전쟁과 내부 갈등은 농작물 생산과 식량 유통에 영향을 미쳐 식량 공급을 차단한다. 적절한 농업 인프라가 부족하고 수자원 관리가 안 되거나 운송 시스템이 부족하면 농산물 생산이 어려워 수급에 차질을 빚게 된다. 이러한 식량 불안은 기아나 영양실조로 이어질 수 있다. 만성 질병을 일으켜 건강에 악영향을 미치고 정치적·경제적으로 충돌하는 원인이 될 수 있다. 식량 불안으로 빈곤은 악순환되고 식량 부족 지역의 인구 이동은 불가피하다.

식량만 문제가 되는 것은 아니다. 식량을 안정적으로 공급하기 위해 필요한 물 부족도 문제다. 물 부족은 전 세계적으로 심각한 환경 문제 중의 하나다. 물의 수요가 공급을 초과하는 상황으로 지리적, 경제적, 기후적 원인에 의해 나타난다. 기후 변화로 인해 강수량 변동이나 가뭄이 발생하면 물의 수급은 더더욱 불안정해진다. 인구가 증가하고 도시화가 진행되며 물의 사용량은 늘어났다. 인구 증가로 농업의 수요는 많아지고 농업은 많은 양의 물을 필요로 한다. 산업의 각 과정에서 필요한 물은 많지만, 물의 저장이나 공급, 정화를 위한 시설과 인프라가 부족하다. 한번 오염된 물을 정화하는 데 비용이 드는 문제도 있다. 물의 질은 건강에 직접적인 영향을 준다.

깨끗한 물이 제공되지 않으면 건강상에 문제가 생길 수 있기 때문이다. 물이 부족하면 농업이 어려워지고 산업 생산이나 에너지 발전 등 산업 전반에 부정적인 영향을 끼친다.

이를 해결하기 위한 대책으로는 농업 기술과 지원을 통해 생산성을 높이는 방법이 있다. 새로운 품종과 재배 기술을 개발하여 더 많은 식량을 생산하는 것이다. 토지의 과잉 개발을 피하고 화학 농약 및 비료의 사용을 최소화하여 자연환경을 보호한다. 효과적인 식품 분배 및 물류 시스템으로 식량이 효율적으로 배분되도록 한다. 다양한 식품원의 활용 및 작물의 다변화를 통해 작물 의존도를 낮추고 식량 안정성을 높이는 것이 중요하다.

물 부족 문제는 물 관리 체계를 구축해 수원지를 보호하는 것부터 시작된다. 강수 및 지하수 저장 시설을 늘리고 지역의 수원을 보호하는 것이다. 물의 재활용 및 정화 기술을 도입하여 효율적으로 활용하고 사용자가 물을 아낄 수 있도록 적절한 가격 체계를 도입한다. 지역 간 물 공유 및 국제적인 물 협력 체계를 구축하고 기후 변화에 적응하는 정책을 개발하는 것도 시급하다. 물의 가치와 관리의 중요성을 알리고 교육하는 것뿐 아니라 물 부족을 완화할 정책에 적극적으로 참여할 수 있도록 한다. 이러한 노력을 늘려나갈 때 식량과 물 부족 문제를 줄여나갈 수 있을 것이다.

## 📖💡 어떻게 생각할 것인가

정보를 제공받았을 때 가장 중요한 것은 그 정보가 나의 실생활에 어떤 영향을 주는가이다. 식량과 물 부족 문제가 전 세계적으로 이슈가 되긴 하지만 나의 실생활에 직접적으로 영향을 주지 않으면 쉽게 관심을 갖지 않게 되기 때문이다. 하지만 식량과 물은 언제든 내 문제가 될 수 있기에 관심을 갖고 관찰하는 것이 필요하다. 개인의 생활과 문제를 연결해서 생각하고 관찰하는 방법은 문제에 따라 다르다. 예를 들어, 식량 문제의 경우 개인의 음식 선택과 소비 패턴을 살펴볼 수 있다. 식량 문제와 연관된 환경친화적인 식품을 선택하고 자신의 소비 패턴도 확인할 필요가 있다. 지역 농산물을 선호하고 지역 시장을 얼마나 사용하고 있는지, 음식 낭비를 최소화하여 음식을 최대한 버리지 않고 재활용하는지 생각해보는 것이다. 식량 부족 문제가 자신에게 직접적으로 다가오지 않더라도 언제든 문제가 될 수 있기에 자신의 패턴을 들여다볼 필요가 있다.

물 부족 문제에 대해서도 마찬가지다. 개인의 물 소비량을 확인해야 한다. 샤워할 때나 세탁 시 가정에서의 물 사용량을 체크한다. 물 사용 습관을 살펴 쓸데없이 낭비되는 물이 없는지 확인한다. 비농업용 물 사용을 최소화하고 지역 물 공급에 기여하는 방법을 고민할 수 있다. 물 절약 장치를 사용하고 지역의 물 보존 프로젝트에 참여하여 실제적으로 물 사용을 줄이는 방법을 배우는 것도 좋다.

물과 식량은 유한한 자원이다. 개인이 소비하는 양을 줄이고 관리하는 것이 중요하다. 그러므로 내 생활에서 이 문제를 해결할 방법이 없는지 고민하고 실천하는 것이 전 세계적인 문제를 해결하는 첫걸음이다. 이처럼 자신의 삶의 문제로 이슈를 가져오는 것은 생각을 확장하고 문제를 해결하는 데 도움이 된다.

## 🏫 비판적 사고력 UP!

1. 식량 부족 문제를 해결하기 위해 내 생활에서 실천할 수 있는
   방법은 무엇인가?
2. 물 부족 문제를 해결하기 위해 내 생활에서 실천할 수 있는
   방법은 무엇인가?
3. 지구의 문제를 내 삶에서 해결하고자 하는 것은 어떤 이점이 있을까?

ESG는 환경(Environmental), 사회(Social), 지배 구조(Governance)의 영문 첫 글자를 조합한 단어이다. 기업 경영에서 지속 가능성을 달성하기 위한 3가지 핵심 요소를 말한다. 기업의 지속적인 성장 및 생존과 직결되는 핵심 가치이자 기업의 장기적인 생존과 번영에 직결되는 가치이다. 환경 분야에서는 기후 변화 및 탄소 배출, 환경 오염과 환경 문제, 생태계 및 생물 다양성, 자원 및 폐기물 관리, 에너지 효율, 책임 있는 구매와 조달이 핵심 쟁점이다. 그중에서도 가장 핵심적인 사안은 기후 변화와 탄소 배출 관련 이슈다. 전 세계 인류의 지속 가능성과 생존을 위해 앞으로 기업은 과감한 탄소 배출 절감, 즉 탄소 제로화를 추구해야 한다. 이와 함께 자원 및 폐기물 관리, 더 적은 에너지와 자원을 소모하는 에너지 효율화도 중요한 기업의 가치로 떠오르고 있다. 사회 측면에서는 고객 만족과 데이터 보호 및 프라이버시, 인권, 성별 평등 및 다양성, 지역 사회 관계와 공급망 관리, 근로자 안정 등이 주요 핵심이다. 기업이 인권 보장과 데이터 보호, 다양성 고려 및 공급망, 지역 사회와의 협력을 통해 발전하는 것이 중요해지고 있다. 지배 구조와 관련해서는 이사회 및 감사위원회 구성과 뇌물 및 반부패, 로비 및 정치 기부, 기업 윤리와 공정 경쟁이 이슈다. 기업이 환경과 사회 가치를 실현할 수 있도록 돕는 장치가 중요하다. 투명하고 신뢰도 높은 이사회 구성과 감사위원회 구축, 뇌물이나 부패를 방지하고 로비 및 정치 기부금 활동에서 기업윤리를 지키며 높은 지배 구조 가치를 확보하는 게 필요하다(ESG 경영관리 플랫폼 참고).

ESG 경영은 기업 가치와 경쟁력을 강화한다. 기업의 장기적인 가치 창출과 경쟁력 강화에 도움을 준다. 친환경적이고 사회적인 요소를 고려한 기업은 투자자와 사회의 인식, 요구에 부합하며 긍정적인 평가를 받을 수 있다.

또 다양한 리스크를 예방하고 관리한다. 환경 파괴, 사회적 논란, 경영 위험 등과 같은 리스크를 사전에 파악하고 대응하여 기업의 발전에 기여한다. 환경 보호나 사회적 공헌, 공정한 의사 결정 체계라는 가치를 실현하면서 기업은 사회적으로 책임 있는 경영과 역할을 하게 된다. 기업이 ESG 경영을 하면 투자자들로부터 긍정적인 평가를 받을 수 있으며 지속적인 투자 유치와 기업 가치 향상을 이끄는 데도 좋다. 즉 ESG 경영은 기업의 경제적 가치 창출과 사회적 영향력 강화에 도움이 되는 아주 중요한 전략인 셈이다.

특히 ESG 전략에서 환경 오염을 줄이고자 하는 노력은 가치가 크다. 기업이 사회적 책임을 다한다는 믿음을 주면 기업 이해관계자들 사이의 신뢰가 증가한다. 기업이 환경 오염을 줄이고 규제를 준수하면서 법적·금융적 리스크를 감소시키면 자원 효율성을 통해 기업의 생산성이 향상된다. 관련 정책을 개발하면서 기업에 혁신 기회를 제공해 장기적인 기업 성과 향상에도 긍정적인 효과를 준다. 이제 기업도 자신만의 이익을 추구하는 것이 아닌 지구와 환경을 생각하는 구조로 변화해야 살아남을 수 있는 시대가 온 것이다.

## 어떻게 생각할 것인가

구체적인 사례를 찾아보면 내용을 더 깊이 이해할 수 있다. 예시는 이해의 폭을 넓혀주고 추세나 발전 과정을 알게 해준다. 과거와 현재의 사례를 비교하면서 어떻게 발전할 것인지를 예측해볼 수 있다. 성공 사례를 찾아보며 직면한 도전 과제들도 체크해볼 수 있다. ESG 경영도 마찬가지다. 예시를 통해 기업들이 실제로 어떤 노력을 기울이고 있는지 알 수 있다. 구체적으로 어떤 노력과 변화를 꾀하고 실천하고 있는지를 살펴보면 더 깊이 있게 이해할 수 있다. 또 구체적인 실천 사례를 통해 각 기업이나 산업별로 ESG 경영이 어떻게 활용되고 있는지를 찾아보며 투자자, 소비자, 지역 사회 등 다양한 이해관계자들의 소통 및 협력이 필요한 부분을 살펴볼 수도 있다. 이를 통해 어떤 전략이 효과적이었고 어려운 부분이 무엇인지도 알게 된다.

ESG 경영을 하는 기업으로는 우리나라의 삼성전자가 있다. 삼성전자는 지속 가능한 경영을 추구하며 탄소 중립을 달성하기 위한 목표를 세웠다. 재생 에너지 투자와 탄소 배출 감소에 힘쓰고, 공정하고 안전한 노동 환경을 조성하며 다양성과 포용성을 강조한다. 넷플릭스도 탄소 중립을 선언하며 재생 에너지 투자와 효율성을 높이기 위한 노력을 하고 있다. 다양성과 문화적 포용성을 증진하기 위한 다양한 노력도 진행 중이다. 파트너스 그룹 홀딩스는 투자 기업으로 지배 구조를 강화하고 사회적 영향을 평가하기 위한 투자를 진행 중이다. 웨이스트 매니지먼트는 폐기물 관리 분야의 ESG 경영을 중시한다. 재활용 에너지 및 에너지 회수에 관심을 갖고 탄소 발자국을 줄이고자 노력한다. 포드 모터 컴퍼니는 친환경 차량의 개발과 판매를 위한 경영 중이다. 탄소 중립을 달성하기 위한 계획을 통해 사회적 책임을 강조하고 있다. 코카콜라도 ESG 경영 중이다. 지속 가능한 포장 솔루션을 개발하고 싱글 유즈 플라스틱 사용을 줄이는 등의 환경적 노력을 한다. 물 사용에 대한 책임을 다하고 지역 사회에 대한 투자를 강조한다. 이러한 기업들은 ESG 경영을 통해 환경 오염 예방, 탄소 중립, 사회적 공헌 등을 비즈니스 목표와 전략에 통합하여 지속 가능한 성장을 위해 노력하고 있다. 이렇게 예시를 살펴보면 각 기업들의 경영 방식 변화와 노력을 더 쉽게 이해할 수 있다.

## 🏠 비판적 사고력 UP!

**1.** ESG 경영에 대해 정리해보자.

**2.** ESG 경영에 참여하는 기업에 대해 조사해보자.

**3.** ESG 경영의 이점과 보완점은 무엇일까?

# 빠르게 만들어 쓰고 빠르게 버린다

패스트 패션은 빠르게 변화하는 패션 트렌드를 신속하게 반영하고 생산하는 패션 산업의 한 형태이다. 패스트 패션은 트렌드를 반영해 제품을 빠르게 내놓으며 소비자들의 패션 트렌드를 반영하고자 하는 욕구를 빠르게 채워준다. 이러한 제품들은 저렴한 가격으로 책정된다. 대중이 구매하기 쉽고 상대적으로 빠른 시간 안에 다른 제품으로 대체된다. 대량 생산이기에 가능하고 때로는 대량 소비되기도 한다. 빠르게 생산·소비되고 대량으로 판매되기에 소요되는 자원의 크기가 크고 환경 오염을 일으킬 수 있다. 더 빠른 생산과 소비를 통해 트렌드를 변화시켜 대중을 트렌드에 민감하게 만들며 계속해서 새로운 제품을 찾게 하는 문화를 만든다.

대량 생산과 빠른 소비 주기로 환경 문제를 일으키며 이로 인한 폐기물을 증가시킨다. 화학 물질을 사용하고 대량의 물과 에너지를 소비한다. 가죽과 같은 동물 기반 소재는 동물 복지 문제를 일으키기도 한다. 가장 큰 문제는 저렴한 가격에 매료되어 빠르게 생산하고 버리기 때문에 이로 인한 폐기물량이 많다는 점이다. 패스트 패션의 특성상 빠르게 변화하는 트렌드 때문에 제품 수명이 짧아 더 많은 폐기물이 생산될 수밖에 없다. 섬유 폐기물은 처리가 어려워 지구 환경에 유해한 영향을 미친다. 특히 섬유 소재가 분해되면서 발생하는 미세 섬유는 수질 오염을 일으키고 생태계를 파괴한다. 폐기물을 효과적으로 처리하고 관리하기가 어렵고 자원의 낭비로 이어진다. 재활용 가능한 자원을 활용하지 못하고 버리면서 새로운 자원을 사용하게 한다. 이는 경제적인 비효율성을 만든다. 섬유 생산 및 가공 과정에서 사용되는 화학 물질이 생태계에 누적되고 지하 수질 오염과 대기 오염을 일으킨다. 일부 소비자들은 옷을 더 오래 입거나 나눠 입기를 통해 재활용하겠다는 의식 없이 빠르게 소비하는 데에만 몰두하여 문제가 커지고 있다.

이를 해결하기 위해서는 지속 가능한 소재를 사용해야 한다. 의류를 만들 때 유기농 소재나 재생 나이론 텐셀 등 친환경적이고 지속 가능한 소재를 활용하는 것이다. 패션 산업이 스스로 지속 가능한 소비와 생산 방식을 유지하도록 도와주어야 한다. 수명이 길고 다용도로 사용 가능한 제품을 만들도록 노력한다. 의류를 버리기 쉽지 않게 만들고 재활용이나 재사용이 쉽게 디자인한다. 소비자들에게도 교육을 통해 지속 가능한 브랜드를 사용하도록 유도하고, 과소 소비를 할 수 있도록 인식을 만들어간다. 정부와 국제단체는 패스트 패션과 섬유 폐기물에 대해 규제를 강화하고 지속 가능한 생산과 소비를 촉진하는 정책을 채택해야 한다. 이를 통해 패스트 패션에 의한 폐기물을 줄이고 환경 오염도 줄일 수 있다.

## 어떻게 생각할 것인가

자료나 정보를 받아들일 때 인지 왜곡을 주의해야 한다. 인지 왜곡은 정보를 받아들이고 해석하는 과정에서 주관적으로 왜곡되거나 비효율적으로 처리되는 현상이다. 이는 우리가 상황을 해석할 때 생기는 일반적인 인지적 편향이다. 인지 왜곡은 개인의 경험이나 선입견, 감정, 사회적 영향 등 다양한 요소에 의해 발생한다.

인지 왜곡의 형태로는 특정 정보를 강조하거나 무시함으로써 주어진 상황이나 정보를 일관성 있게 해석하는 것이 있다. 이는 개인의 선호나 관심사에 따라 특정 측면에 주목하고 다른 측면은 간과할 수 있다. 자신의 신념이나 가치, 행동의 일관성을 유지하고자 인지 왜곡을 일으키기도 한다. 자신의 생각과 모순되거나 충돌이 발생할 경우 이를 왜곡하기 위해 정보를 바꾸거나 무시한다. 특정한 기대나 예상에 기반해서 정보를 해석하려는 경향도 있다. 기대와 부합하는 정보에는 반응하고 그렇지 않은 정보는 흘려보낸다. 사건이 발생한 후 그 사건이 예측 가능하다고 믿기도 한다. 이는 사건이 발생하기 전에 사건을 정확하게 예측하기 어렵다는 사실을 무시할 정도로 강력하게 작용한다. 사건이 발생한 후 그 사건이 예측 가능했다고 믿기도 한다. 가까운 시간이나 거리에 있는 정보에 높은 가중치를 두는 경향도 있다. 가까운 시간은 더 중요하게 여기고 먼 과거나 미래의 사건은 간과하거나 부정확하게 기억한다. 정보가 과다하게 제공되면 중요한 정보를 놓치거나 오해하기도 한다.

인지 왜곡은 객관적인 판단을 위해 인식해야 한다. 의사 결정을 잘하고 효과적인 소통을 하며 관계를 강화하기 위해서도 인지 왜곡을 걸러내야 한다. 인지 왜곡을 걸러내는 방법은 간단한 정보에 의존하지 않는 것이다. 여러 시각에서 사건을 고려하고 자신의 선입견과 편견을 인식하여 이를 극복하고자 노력한다. 개인의 경험과 선입견이 판단에 미치는 영향을 이해하고 여러 소스에서 다양한 정보를 수집한다. 자신의 신념과 생각을 주기적으로 검토하고 새롭게 하기 위해 정보와 경험에 개방적이며 필요에 따라 자신의 견해를 조절할 수 있어야 한다. 독서나 논쟁에 참여하고 문제 해결 과정에 자주 참여하며 비판적 사고력을 늘리는 것도 도움이 된다. 이렇게 인지 왜곡이 일어나지 않도록 노력함으로써 객관적이고 비판적인 사고를 향상시킬 수 있다.

## 🏠 비판적 사고력 UP!

1. 패스트 패션에 대해 내가 잘못 인식하고 있었던 사실과
   인지 왜곡 유형은 무엇인가?
2. 섬유 폐기물에 대해 인지 왜곡하고 있던 부분은 어떤 것이 있는가?
3. 나의 인지 왜곡을 바로잡기 위해 내가 할 수 있는 노력은 무엇인가?

# 국립 공원으로 자연 생태를 살리다

지구상의 다양한 생물종이 감소하거나 사라지고 있다. 도시화, 산업 개발, 농업 확장 등 인간의 활동으로 인해 자연 서식지가 파괴되거나 변화했기 때문이다. 산림은 줄어들고 습지도 사라지는 등 환경이 변화하면서 생물종에도 변화가 생기는 것이다. 유전자 조작이나 생물공학적 개입, 인공 번식 등의 과학적 기술의 적용이 원인이 되기도 한다. 대기나 물의 오염, 토양 오염 등 환경 중독으로 많은 생물종이 죽거나 서식지를 잃게 되었다. 기후 변화는 서식지와 생태계를 파괴하고 이로 인한 생태계 불균형으로 일부 생물종은 더 적응하기가 어려워지고 있다. 과잉 어획이나 채집, 사냥으로 일부 생물종이 과하게 감소하고 있으며 외래종이나 병균의 침입은 문제가 심각하다. 자원의 과다 소비로 인해 식물에 필요한 자원이 충분히 공급되지 못하고 인구 증가와 도시화는 자연 서식지를 인간 필요에 따라 변형시켜 생물종에게 피해를 준다.

　여기서 생물종을 보호하기 위해 국립 공원을 활용하면 도움이 되지 않을까 하는 가정이 생긴다. 국립 공원은 자연 서식지를 최대한 보호하는 장소로, 서식지가 안정되면 생물종은 자연스럽게 번식할 수 있다. 국립 공원은 다양한 야생 동물도 서식할 수 있는 환경을 제공해 생물종에게 유리한 조건을 제시한다. 훈련을 받은 자원 관리 인력이 생물종 보호와 서식을 위해 전문 지식과 기술을 가지고 관리한다. 생물종 보호를 위한 다양한 프로그램을 운영하고 보전 계획을 수립하며 환경 교육을 통해 방문객들이 생물종 보호를 위해 노력하도록 독려한다. 외래종이나 유해한 생태계의 변화를 관리하고 대응하며 특정 생물종의 이주와 복원 프로젝트도 실시한다. 멸종 위기에 처한 식물종을 지원하고 이들이 다시 자연환경에서 번식·서식할 수 있도록 돕는 것이다.

이뿐 아니라 자연 생태 및 환경에 대해 이해를 높이는 교육 프로그램도 진행한다. 국민들에게 다양한 레저 활동을 제공하며 자연환경과 결합한 행사나 공연, 전시회도 주최하여 국립 공원을 문화 예술의 장으로 활용한다. 야생동물과 식물 보전을 위한 연구와 환경친화적인 시설, 기술을 도입한 국립 공원은 에너지 소비와 환경 파괴를 최소화하는 시스템을 운영한다. 생태 관광을 통해 특별한 코스나 가이드 서비스를 제공해 관광객이 국립공원을 더 적극적으로 탐험할 수 있도록 돕는다. 지역 사회와 협력하여 지역 특산물이나 문화를 체험할 수 있게 하거나 정보 기술을 활용한 정보를 제공할 수 있다. 지역 사회 주민이나 기업과 협업하여 지역 사회 참여를 유도하고 관심과 애착을 키우는 활동을 계획하며 손상된 지역 생태계를 회복하는 활동에도 적극적으로 참여한다. 이러한 국립 공원의 환경친화적인 활동과 생물 다양성 유지를 위한 특별한 보전 프로그램 등은 생물 다양성 유지에 분명한 도움이 될 것이다.

## 📖💡 어떻게 생각할 것인가

'국립 공원의 활용이 생물 다양성 보전에 도움이 되지 않을까?'라는 가정에서 논의를 펼쳐가는 글이다. 이렇듯 가정을 통해 문제 해결 방법과 대안을 생각해볼 수 있다. 가정을 세워 생각하는 것은 다양한 생각을 가능하게 한다. 가정에 대해 비판적으로 생각하면서 자신의 전제나 선입견을 깨면 다양한 가능성과 관점을 이끌 수 있다. 이는 문제를 해결하는 과정에서 필요한 능력이다. 가정에 대해 비판적으로 생각하게 되면 각 주장이나 의견에 대해 더 합리적으로 판단할 수 있다. 사회적 상황이 어떻게 변화하고 이에 대해 대응할 수 있는지 그 전략을 세우는 데 도움이 된다. 가정을 세워 비판적으로 사고하면서 개인의 가치관과 사회적 책임에 대해 고민하며 더 나은 방향의 결정을 향해 나아갈 수 있다. 개인과 사회적 측면 모두에서 학습이나 문제 해결, 의사 결정, 사회 참여 등 다양한 영역에서 지속적인 학습과 성장을 돕는 방법이다.

가정을 세워 생각할 때는 다양한 관점을 고려해서 가정을 세우는 것이 좋다. 과연 정말 국립 공원이 생물 다양성을 유지하는 데 도움이 되는지 다양한 시각에서 살펴봐야 한다. 여러 방면으로 자료를 조사하고 주장이나 판단을 다각도에서 살펴볼 필요가 있지만, 감정적인 반응을 제외하고 판단하는 것이 좋다. 감정은 가정에 영향을 주어 올바른 판단을 하는 것을 방해하기 때문이다. 개인적으로 좋지 않은 국립 공원에 대한 기억이 부정적인 판단을 하는 데 역할을 하게 두어서는 안 된다. 여러 방면에서 학습하고 새로운 정보를 통해 가정을 수정하면서 더 나은 방향의 생각을 향해 발전할 수 있어야 한다. 타인과 토론하고 의견을 나누면서 자신의 가정에 문제는 없는지 검토해보는 것도 필요하다. 이처럼 우리는 가정을 통해 새로운 생각을 만들어내고 검토할 수 있다.

##  비판적 사고력 UP!

1. 국립 공원이 생물 다양성 보전에 도움이 되는 이유를 정리해보자.
2. 국립 공원이 생물 다양성 보전에 도움이 되지 않는다는 가정을 세워 자료를 조사해보자.
3. 국립 공원 말고 생물 다양성 보전에 도움이 되는 분야에 대한 가정을 세워보고 자료를 조사해보자.

# Chapter 6

# 경제

# 대한민국은 이미 인구 오너스 시대

인구 오너스 시대는 인구 감소와 고령화가 진행되면서 인구 구조가 부담스러워지는 시기를 말한다. 인구 부족 시기라는 의미로 점차 출산율이 감소하면서 인구 증가 속도가 둔화된다. 출산율이 낮은 것은 가족 책임의 불균형과 여성의 교육 수준 상승이 원인이다. 평균 수명이 증가하면서 고령 인구의 비중이 증가하고 노동 인구는 감소하며 사회 보장과 의료 서비스에 대한 부담을 초래한다. 출산율 하락과 고령화로 노동 인구가 감소하면서 경제적 부담이 생긴다. 특히 기술 진보와 산업 구조 변화에 따른 인력 수요와 공급 간의 불균형이 발생한다. 노후 대책과 사회 보장 제도에 대한 부담도 커진다. 노령층의 연금, 건강보험, 의료 서비스의 필요가 증가하고, 경제 활동 인구의 부족으로 경제 성장이 둔화되는 것이다. 노동 생산성이 감소하고 소비가 줄어들기도 한다. 고령화와 노동 인구 부족에 대응하기 위해 인프라와 교육 시스템을 재조정하여 노령 인구를 지원하고 노동 시장에 적응시킬 필요가 있다.

인구 오너스 시대의 우리 생활은 어떻게 달라질까? 고령화로 인한 노년층 증가로 노후 인프라와 서비스가 늘어날 것이다. 노인 친화적인 주거, 의료 서비스, 교통 시스템이 발전할 것이다. 소비 패턴도 변화해 노인층을 대상으로 한 제품과 서비스가 증가하고 건강에 신경을 쓰는 소비 행태가 두드러질 것이다. 다양한 가족 모델과 주거 형태가 생기고 노후에 대비한 금융계획과 개인적인 책임이 강조된다. 젊은 세대는 노후를 대비하기 위한 자산 투자에 더 많은 관심을 갖게 될 것이다. 디지털 기술의 발전과 함께 노인층도 디지털 기술을 더욱 적극적으로 활용하게 될 것이다. 건강 모니터링, 원격 의료 서비스, 인공지능 기반의 일상 도우미 등이 일반적으로 사용된다. 노동 인구 부족으로 다문화 정책이 더욱 촉진될 것으로 보이며 국제적인 교류가 늘어나 외국인 노동자의 유입과 국제적 협력이 강화될 것으로 예상된다.

인구 오너스 시대에 대비하기 위해서는 출산율을 촉진하는 프로그램이 필요하다. 육아 휴직 확대와 양육 휴직 지원, 교육 지원 등을 통해 가족 형성을 지원하고 출산을 유도하는 정책이 요구된다. 노동 시장과 교육 체계에서의 유연성을 강화하고 다양한 세대와 생애 주기에 맞춘 프로그램 도입이 시급하다. 일자리 모델의 혁신과 평생 교육을 활성화하고, 개인이 노후에 대비할 수 있도록 금융 교육 및 상담 서비스를 강화하며 퇴직연금, 저축, 투자 등에 대한 교육과 지원이 필요하다. 다양한 인구 구성원에게 평등한 기회를 제공하고 다양성을 존중하는 기업 문화를 유도할 필요가 있다. 의료 및 건강 분야의 혁신과 기술적 발전을 촉진하여 고령화에 대비하고, 스마트 건강 기술, 원격 의료 서비스, 의료 로봇 등을 활용하여 노인층의 건강 관리를 지원해야 한다. 지역 사회의 결속력을 강화하고 사회적 연대를 증진시키는 프로그램을 통해 혼자 사는 노인들에게 사회적 지원과 연결을 제공할 필요도 있다. 이러한 다방면의 노력을 통해 인구 오너스 시대에 대비해야 할 것이다.

## 🔖💡 어떻게 생각할 것인가

주제에 대한 사고와 판단을 검토하면 오류와 편향을 방지할 수 있다. 우리의 사고는 종종 주관적이거나 선입견의 영향을 받는다. 이를 확인하고 수정하면서 더 객관적이고 정확한 판단을 할 수 있다. 사고와 판단을 검토하는 것은 자기 개선과 성장에 중요하다. 자신의 결정과 행동에 대해 비판적인 시각을 갖고 이를 개선하는 과정을 통해 개인은 더 성장할 수 있다. 사고와 판단을 체계적으로 검토하면 의사소통 능력이 향상된다. 자신의 생각을 명확하게 이해하면 다른 사람과 대화하는 데도 도움이 된다. 문제 해결 능력은 사고와 판단의 결과물이다. 사고하고 판단하는 과정에서 새로운 학습과 지식을 얻는다. 오류를 통해 배우고 실패를 통해 성공으로 나아가는데, 검토는 이러한 학습을 도와준다. 검토를 하며 자신의 가치관과 목표에 부합한 판단을 내릴 수 있다. 주변의 영향이나 사회적 기대에 휩쓸리지 않고 자신의 가치관과 목표를 기반으로 한 결정은 보다 의미 있는 삶을 살도록 도와준다.

사고와 판단을 검토하는 방법으로는 의문을 제시하고 왜 이런 결정과 생각을 했는지 자문하는 것이다. 이러한 질문은 모호하고 불분명한 부분을 찾아 정확히 이해하는 데 도움이 된다. 판단을 통해 정보의 정확성도 검토할 수 있다. 주변 사람들이나 전문가의 의견을 판단할 때 참조하며 자기 평가와 피드백을 통해 개선이 필요한 부분을 체크하면 좋다. 과거의 판단에서 배우고 새로운 상황에서 경험을 통해 지속적으로 배워나가며 성장할 수 있다.

인구 오너스 시대에 대해 어떤 사고와 판단을 할 수 있을까? 미래 사회의 구조나 노동 시장, 경제적 동향을 고려하며 판단해야 한다. 기술의 혁신에 대해 관심을 기울이고 혁신적인 아이디어를 반영하여 판단한다. 빅데이터나 인공지능 도구를 활용해 정확하고 효과적인 결정이 되도록 노력한다. 새로운 아이디어를 접목하여 다양한 관점을 고려해 판단하는 것이다. 인구 오너스 시대의 청소년이 할 일을 예로 들어보자. 미래에 대비하기 위해서는 적절한 교육과 진로 탐색이 필요하다. 인구 오너스 시대에 맞는 자기 흥미 분야와 미래에 필요한 기술과 역량도 준비해야 한다. 사회 참여와 봉사 활동을 통해 사회 문제에 대한 인식과 공동체 의식을 키우는 것도 필요하겠다. 다양한 문화와 국제적인 경험을 통해 긍정적인 세계 시각을 갖추고 스트레스 관리 방법이나 건강한 정신 활동으로 자신을 튼튼하게 한다. 경제 상식을 쌓고 자금 관리 능력을 높이며 미래에 대비할 준비도 해두는 것이 좋다. 소통과 협력 능력을 길러두면 인구 오너스 시대에 필요한 인재로 생활할 수 있을 것이다.

##  비판적 사고력 UP!

1. 인구 오너스 시대 도래에 대한 나의 판단은 어떠한가?
2. 인구 오너스 시대에 대해 판단하며 중요하게 생각한 부분은 무엇인가?
3. 인구 오너스 시대를 대비하기 위한 나만의 준비는 무엇인가?

# 02 가상화폐 투자는 안전할까?

가상화폐는 디지털 형태의 화폐이다. 가상화폐는 일반적으로 분산된 데이터베이스 기술인 블록체인을 기반으로 한다. 블록체인은 거래 기록을 안전하게 기록하고 유지하는 역할을 한다. 이 중에서도 대표적인 가상화폐는 비트코인이 있다. 가상화폐는 중앙은행이나 정부와 같은 중앙기관이 아닌 분산된 네트워크에서 운영된다. 이는 투명성과 신뢰성을 증가시킨다. 가상화폐 거래는 암호화 기술을 사용하여 보안을 유지한다. 이로써 사용자의 자산과 거래가 안전하게 보호될 수 있다.

대부분의 가상화폐는 총 발행량이 제한된다. 예를 들어, 비트코인은 2,100만 개로 제한되는데 이는 통제된 인플레이션을 가능하게 하며 가치의 안전성을 제공한다. 가상화폐 거래는 사용자의 익명성을 유지하면서도 블록체인상의 거래 기록은 투명하게 기록된다. 이로써 거래의 신뢰성을 높여준다. 가상화폐는 투자 및 거래의 수단이지만 일부 국가에서는 법적인 지위를 인정하고 있다. 그러나 높은 변동성과 일부 규제로 인해 투자자들에게 리스크가 있는 자산으로 간주되기도 한다.

가상화폐는 블록체인 기술을 기반으로 한다. 거래 내역이 분산된 네트워크에 기록되어 투명하게 관리된다. 이는 중앙 관리자나 중앙은행 없이도 안전하게 거래가 이루어질 수 있다. 가상화폐는 금융 시스템에 혁신적인 접근을 제공하고 전통적인 중앙기관을 우회하는 경향을 보인다. 이로 인해 일부 사람들은 가상화폐를 금융 시스템의 미래를 대표하는 기술로 인식하기도 한다. 일부 투자자들은 가상화폐를 새로운 투자 기회로 인식하고, 특히 가격 변동성이 크다는 특성을 활용하여 수익을 창출하고자 한다. 가상화폐는 전 세계 어디서나 손쉽게 이체 및 거래가 가능하며 이는 글로벌 경제와 국제 거래에 대한 효율성을 증가시킨다. 가상화폐는 국제 송금이 빠르며 이

때 발생하는 수수료도 낮은 편이다. 블록체인과 가상화폐 기술을 기반으로 한 다양한 프로젝트를 통해 인기를 얻고 있으며 인플레이션에 대비하여 안전자산으로 인식된다. 가상화폐는 자금 계획 수립과 안전한 지갑 설정, 거래소 선택, 투자 전략 수립, 시장 동향 모니터링과 최신 정보 파악의 과정을 거쳐 투자한다. 손익 관리와 규제 및 안전성을 고려하여 거래소를 선택하고 거래하면 된다.

가상화폐 투자 시 조심해야 할 사항으로는 시장이 매우 변동적이어서 예측하기 어렵기 때문에 시장 변동성과 가격 변화에 대한 리스크를 충분히 고려해야 한다는 점이다. 투자자는 투자할 자금을 명확히 정하고 이를 넘어서는 금액은 투자하지 않는다. 모든 자산을 투자하지 말고 안전한 금액 내에서 투자한다. 한 가지 종류의 가상화폐에만 집중적으로 투자하는 것보다 다양한 자산에 투자해 리스크를 분산시켜야 안전성을 높일 수 있다. 거래소의 신뢰성과 보안 정책을 확인하지 않고 거래소를 선택하면 리스크가 있다. 신뢰성 있는 거래소를 선택하고 보안 조치를 충분히 이행해야 한다.

투자 전략 없이 감정이나 추세에 따라 투자하는 것은 위험하다. 목표, 기간, 전략을 명확히 수립하고 실행해야 한다. 사기 당하지 않도록 조심하고 국가별 규제를 반드시 확인하여 투자한다. 가상화폐 시장이 정서적 영향을 많이 받는 만큼 급격한 가격 변동에 휩쓸려 감정적으로 행동하지 않도록 조심해야 한다. 투자 전에 충분히 조사하여 투자하는 것이 중요하다.

가상화폐 투자에 대해 생각할 때는 윤리성을 판단하는 것이 중요하다. 윤리적 사고는 가치 판단 능력을 향상시킨다. 단순히 사실을 분석하는 것을 넘어 사회적 영향을 이해하고 고려할 수 있어야 한다. 윤리적 사고가 비판적 사고에서 중요한 이유는 특정 결정이나 행동이 어떤 영향을 미치는지 분석하는 기준이 되기 때문이다. 다양한 관점에서 문제를 바라보고 도덕적인 원칙에 맞춰 판단하는 것이 좋다. 단기적인 결과에 초점을 맞추기보다는 장기적인 결과와 영향을 고려해야 한다.

가상화폐 투자에서 윤리적으로 고려할 부분은 투명성이다. 정보를 왜곡하거나 투자자에게 완전한 정보를 제공하지 않는 행위는 비윤리적이다. 특히 고의적으로 가격을 조작하거나 투기적인 행위에 관여하면 문제가 될 수 있다. 가상화폐 거래소나 지갑에서의 안전성과 보안은 매우 중요하다. 사용자의 자산을 보호하기 위해 안전 조치를 취하지 않거나 보안상의 결함을 무시하는 행위는 비윤리적이다. 프로젝트나 가상화폐에 대한 정보를 제공할 때 정확하고 투명한 정보를 제공해야 한다. 거짓 정보를 유포하거나 투자자를 속이는 행위는 용납되지 않는다. 가상화폐와 관련된 판매 및 광고 활동에 소비자를 속이거나 오도하는 행위를 포함해서는 안 된다. 과장된 광고나 부적절한 판매 활동은 윤리적 문제를 일으킨다. 가상화폐를 거래하는 기업이나 개인은 국가별 규제나 법적 요구 사항을 준수해야 한다. 규제를 회피하려는 시도나 불법 활동에 가담하는 것은 문제가 된다.

가상화폐 투자에서 윤리성이 중요한 이유는 윤리적인 행동이 투자자와 시장 참여자들의 신뢰를 구축하기 때문이다. 신뢰가 있다면 시장이 더 건강하게 발전하고 투자자들은 안정적인 환경에서 투자할 수 있을 것이다.

가상화폐는 금융 시스템의 혁신이다. 이 혁신이 긍정적으로 발전하려면 윤리적인 부분이 무엇보다 중요하다. 부정한 행위는 금융 시스템에 대한 불신을 만들 수 있다. 공정한 거래 운영은 투자자를 보호하고 투자에 관련된 리스크를 최소화한다. 기업들이 윤리적 운영을 통해 지역 사회에 긍정적인 영향을 주고 사회적 책임을 다하게 된다. 윤리적 가상화폐 활동을 통해 금융 범죄도 예방할 수 있다.

 **비판적 사고력 UP!**

1. 가상화폐란 무엇이며 어떤 가치가 있는가?
2. 가상화폐 투자에서 윤리성이 필요한 이유는 무엇인가?
3. 윤리적인 측면을 고려해서 생각을 정리할 때의 이점은 무엇인가?

블라인드 선발이란 어떤 기업이나 조직에서 구직자를 선발할 때 지원자의 개인 정보를 가린 채로 심사하는 방식이다. 지원자의 실제 역량을 중시하겠다는 의도에서 도입되었다. 블라인드 선발은 지원자에 대한 편견이나 차별을 방지할 수 있다. 성별이나 인종, 출신지 등의 정보 없이 지원서를 평가하므로 객관적이고 공정한 선발이 가능하다. 그리고 조직 내 다양성을 증진하는 데 도움을 준다. 특정 집단에 속한 지원자에 대한 선입견 없이 능력을 평가해 다양한 배경과 경험을 가진 인재를 선발할 수 있다. 개인 정보를 가림으로써 지원자의 능력과 경험에 더 집중할 수 있다. 학력, 경력, 기술 등의 역량을 기반을 결정하고 성과에 따라 평가한다. 선발 프로세스를 더 공정하게 해 모든 지원자에게 동일한 기회를 부여하고 주관적인 평가나 선입견을 최소화한다. 기업이 사회적 책임을 다하고 다양성과 평등을 증진하는 데 도움을 준다. 기업 이미지를 향상시키고 탄력적인 조직 문화를 구축하는 데도 긍정적이다.

많은 이점에도 불구하고 문제는 있다. 개인 정보를 가려 평가하는 것은 정보의 한계로 평가에 어려움을 줄 수 있다. 특히 경력이나 학력 등의 정보 없이 평가하면 부적합한 평가를 할 여지가 있다. 기존의 불평등이나 편견이 포함된 평가의 해결책이 될 수는 없다. 기존의 조직 문화나 인력 선발 프로세스에서 나오는 편견은 짧은 기간에 해결하기 쉽지 않다. 다양성을 보장할 수도 있지만 오히려 거부하는 집단이 있다면 다양성을 해치기도 한다. 특정 역량이나 능력을 평가하는 데 어려움이 있을 수 있다. 기술적인 도구나 방법을 위해 추가적인 비용과 시스템이 필요하다. 기존의 개인 정보가 노출된 집단에서 급격하게 받아들이기 힘들며 서로 다른 문화의 차이로 집단 내 적응 과도기가 발생할 수 있다. 블라인드 선발로 개인의 특성과 독특함이 오히려 가려지기도 한다는 지적이다.

기업에서의 블라인드 채용은 익명화된 지원서와 이력서를 받아 실시한다. 인사 담당자가 개인 정보 없이 지원자를 평가하는 것이다. 지원자의 목소리나 얼굴을 인식하지 못하도록 무기명으로 진행할 수도 있다. 실무 프로젝트 수행이나 기술 기반의 실기 시험을 통해 실질적인 역량을 평가하기도 한다. 역량, 창의성, 팀워크 등을 다각도로 평가하여 선발하기도 하고 외부 평가인이 참여하여 객관적인 평가 잣대를 도입할 수도 있다. 기업 내부의 주관성을 없애고 공정한 선발 가능성을 높이고자 함이다. 최종적인 선발에서 다양한 기준을 도입해 평가한다면 능력, 다양성, 문화 적합성을 고려한 종합적인 판단으로 블라인드 선발을 보완할 수 있다.

## 📖💡 어떻게 생각할 것인가

블라인드 선발의 구체적인 방법은 무엇일까? 블라인드 선발에 대해 공부하면서 구체적인 방법을 찾아보는 것은 매우 중요하다. 구체적인 방법을 조사해 각 단계에서 논리적인 추론을 하고 결론에 도달하는 과정을 정확하게 따를 수 있다. 주장이나 내재된 가정, 전제를 분석하고 검토하기 유리하다.

비판적 사고는 주장의 기초를 파악하고 그에 따라 적절한 평가를 수행하는 것을 목표로 한다. 구체적인 방법은 다양한 자료와 근거를 수집하고 분석할 수 있게 돕는다. 이는 다양한 시각에서 문제를 분석적으로 파악하는 데 도움이 된다. 논리적 오류와 편향을 방지하는 데도 유익하다. 구체적인 방법을 통해 수집한 정보와 분석 결과를 바탕으로 결론을 내릴 때

이 결정이 논리적이며 근거에 기반한 것임을 보장할 수 있다.

구체적인 방법을 찾기 위해서는 먼저 해결해야 할 문제나 탐구할 주제에 대해 명확하게 정의해야 한다. 주제에 관련된 키워드와 관련 용어를 식별하고 학술 자료나 전문 서적을 찾아본다. 관련된 전문가나 산업 내 인사들과 인터뷰를 해보거나 관련 통계 자료나 데이터를 분석하여 주제에 대한 구체적인 패턴이나 경향을 알아본다. 관련된 업계 리포트나 케이스 스터디를 리뷰해보고 토론 포럼이나 온라인 커뮤니티, 온라인 자료를 통해 추가 정보를 얻을 수 있다. 예를 들어, 대학의 블라인드 선발과 관련된 정보를 정리해보자. 대학에서 시행되는 블라인드 선발의 방법으로 익명화된 지원서와 무기명 인터뷰가 있다. 학생이 작성한 에세이나 프로젝트·연구 보고서 등의 포트폴리오를 중심으로 평가하기도 한다. 성적 이외에 다양한 기준을 적용하기도 하고 다양성을 강화하기 위한 프로그램을 운영할 수도 있다. 주관성이나 편견을 최소화하는 능력 중심 선발을 중요시하는 것이 블라인드 선발이다.

## 🏫 비판적 사고력 UP!

1. 블라인드 선발의 이점과 문제점은 무엇인가?
2. 블라인드 선발의 구체적인 방법은 무엇인가?
3. 구체적인 방법을 찾아보며 주제를 이해할 때 좋았던 점은 무엇인가?

# 04 전기 사용량에 따라 세금이 달라진다고?

전기 요금 누진세란 전력 사용량에 따라 고객에게 부과되는 세금 체계가 다른 것이다. 전력 소비량이 높을수록 더 높은 세율이 적용되어 효율적인 에너지 사용과 절약이 목표다. 누진세를 도입한 국가나 지역에서는 저전력 소비에 대한 혜택을 주는 경우가 많다. 기업이나 가정이 에너지 효율성을 향상시키려는 동기부여를 한다. 에너지의 효율적인 소비를 촉진하여 환경에 미치는 영향을 줄이고 재생 에너지 사용 증가를 돕는다.

누진세는 일정 기준을 초과하는 전력 사용량에 따라 단계적인 세율이나 요금이 적용된다. 일반적으로 사용량이 낮은 구간에서는 상대적으로 낮은 세율이 적용되며 높을수록 더 높은 세율이 적용된다. 기본 요금과 사용량 기준을 설정하여 이를 초과한 전력 사용량에 대해 누진적으로 높은 세율을 적용한다. 일부 국가에서는 에너지 시장의 변화나 특정 상황에 대비하여 누진세를 조절하기도 한다. 지역이나 소득 수준에 따라 다르게 적용될 수도 있다.

가정용 전기 요금은 전력 소비량에 따라 단계적 세율이 적용되지만, 기업이나 산업용은 다를 수 있다. 기업의 업종, 사용 목적, 전력 요금 체계에 따라 다양하게 설계된다. 기업에서뿐 아니라 가정에서 전기 요금 누진세도 논의의 대상이 되고 있다. 가정에서의 에너지를 절약하기 위한 목적이다. 높은 전력 사용량에 따라 부담이 증가하므로 가정에서 에너지 효율이 좋은 기기를 사용하거나 절약하는 습관을 형성하기 위함이다. 소득이 낮은 가구에게는 적은 비용을 걷어 소득 분배를 조절하고 에너지 시장의 안정성을 유도하는 것도 목적이다. 과도한 에너지 사용을 억제하고 에너지 수요와 공급의 균형을 유지하는 데 목적이 있다. 에너지 효율성 증진이나 온실가스 배출 감소, 재생 에너지 이용 촉진 등 정부의 에너지 절감 목표 달성을 위해 이를 활용하기도 한다. 가정에서 전력 소비에 대해 민감하게 느끼게 하여 에너지를 절약하고 소비를 줄일 수 있다. 고전력 소비에 대한 높은 누진세로 지속 가능한 에너지 소비를 촉진하며 에너지 효율성을 증진할 수 있다.

그러나 누진세의 문제점도 있다. 높은 누진세는 소득이 낮은 가정에는 부담을 준다. 불가피하게 사용량이 많은 가정의 경우 비용에 대한 부담으로 소득 격차를 확대할 우려가 있다. 너무 높게 측정되면 에너지 시장에 부담을 줄 수 있으며 소비자들이 불만을 가지는 부작용도 발생한다. 그러므로 해당 국가나 지역의 에너지 정책, 사회적 특성과 소비자의 에너지 소비 패턴을 고려해야 한다. 누진세 외에도 에너지 절약을 촉진하고 에너지 효율성을 높일 수 있는 다양한 정책을 검토해야 한다. 에너지 소비에 대한 소비자 교육과 에너지 효율성 증진을 위한 인센티브를 제공하는 정책도 고려할 수 있다. 전기 요금 누진제는 각 국가의 지역적 특성과 에너지 정책에 따라 다르다. 이러한 정책은 에너지 사용자의 에너지 효율성을 촉진하고 지속 가능한 에너지 소비를 유도하기 위해 적절한 방식으로 설계·운영되어야 할 것이다.

### 🔖 어떻게 생각할 것인가

전기에너지를 절약하는 가장 최선의 해결책이 누진세 도입일까? 우리는 어떤 문제의 대안을 알아보면서 그것이 최선의 해결책인지를 따져 볼 줄 알아야 한다. 최선의 해결책을 알아보는 것은 주어진 문제나 상황에 가장 효과적으로 대항하는 방법을 찾는 것이기 때문이다. 그 과정에서 문제를 해결할 리소스와 시간을 절약할 수 있다. 최선의 해결책은 장기적으로도 지속적인 효과가 있어야 한다. 지속 가능성을 고려하면 미래의 문제를 예방하고 다른 문제를 방지하는 데 도움이 된다. 또 최선의 해결책은 다양한 이해관계자들을 고려할 수 있어야 한다. 그래야 팀워크를 해치지 않으면서 다양한 영역의 사람들에게 도움을 줄 수 있다. 위험 요소는 최소화하고 문제를 예방하는 데도 도움이 된다. 문제를 해결하는 최선의 대안을 찾는 것은 개인이나 조직의 자기 성장과 학습에 기여한다. 문제 해결 과정에서 얻는 경험은 미래의 유사한 상황에서 더 나은 의사 결정에 도움을 준다.

그렇다면 누진세가 최선의 방법일지 생각해보자. 전기 누진세 이외에도 에너지 소비를 관리하는 방법은 있다. 가정이나 기업에서 에너지 효율성을 개선하고자 하는 노력이 가장 중요한 핵심 해결책이다. 효율적인 전기기기 사용이나 절전 장치 도입, 단열 및 효율적인 조명 등을 통해 에너지 소비를 줄일 수 있다. 태양광이나 풍력, 수력 등의 재생 에너지를 도입하여 지속 가능한 에너지 소비를 실현할 수도 있다. 정부 지원 프로그램이나 보조금을 활용하여 태양광 패널을 설치하는 것도 좋은 방법이다. 스마트 그리드 기술도 있다. 전력 공급과 수요를 효율적으로 관리하여 전력 소비를 최적화하는 방법이다. 스마트 미터 도입이나 에너지 저장 시스템 구축 등의 방법, 에너지 저장 기술을 활용하기도 한다. 전력 수급과 수요를 조정하기 위해 축적된 에너지를 피크 타임에 사용하거나 전력 수급이 부족한 경우 활용할 수 있다. 가정이나 기업에서 에너지 관리 시스템을 도입하여 에너지 사용 패턴을 모니터링 후 최적화하는 것도 방법이다. 에너지 소비에 대한 인식을 높이고 에너지 절약에 동참할 수 있도록 교육 및 캠페인을 실시할 수도 있겠다.

이처럼 에너지를 줄이는 다른 방법도 존재한다. 이를 누진세와 비교하여 최선의 방법을 찾아보는 과정은 우리가 비판적으로 생각하고 사고를 확장하는 데 분명한 도움이 될 것이다.

## 비판적 사고력 UP!

1. 전기 요금 누진세의 장단점은 무엇인가?
2. 누진세의 대안으로 최선의 해결책을 뽑는다면 무엇인가?
3. 최선의 해결책을 뽑아보니 좋은 점은 무엇인가?

공매도는 내 소유가 아닌 주식을 거래소에 팔아 차익을 얻는 것이다. 이는 주식을 대출받아 판매하는 것으로 주식을 빌려서 판매한 후 나중에 주식을 다시 구입해 대출한 주식을 갚는 방식이다. 공매도는 투자자가 주가 하락을 기대할 때 수익을 얻을 수 있는 매매 방법이다. 공매도는 시장에서 주식의 유동성을 높일 수 있다. 주식 시장에 더 많은 거래 기회가 제공되며 주식을 살 때나 팔 때 더 효과적인 거래를 할 수 있다. 매도 주문이 증가하면 주식의 실제 가치와 시장에서의 수요와 공급이 더 정확하게 반영될 수 있다. 투자자들은 주식을 소유하지 않은 상태에서 공매도를 통해 시장 하락 리스크에 대비할 수 있다. 하지만 공매도는 주가 하락을 유발할 수 있어 가격을 인위적으로 조작하는 수단으로 악용될 수 있다. 대규모 공매도가 발생하면 주가가 급격하게 하락할 수 있어 시장 불안 요소가 된다. 또 기업에 대한 압박을 일으킨다. 대규모 공매도를 통한 주가 하락은 기업의 신용도를 낮춰 자금 조달에 어려움을 주거나 기업 경영에 부정적인 영향을 줄 수 있다. 공매도로 인해 정확한 시장 정보를 읽는 것이 어려울 수 있다. 공매도는 주식 시장에서 일반적으로 개인 투자자가 직접 수행하기 어려운 전문적인 거래 전략 중 하나다. 일반적으로 금융 기관이나 헤지 펀드, 큰 규모의 투자자들이 많이 이용한다.

여러 가지 이유로 국가나 시장의 상황에 따라 공매도를 금지하고 있다. 공매도 금지는 시장 안정성을 유지하고, 금융 위기나 특정 사건으로 시장이 불안정할 때 정부나 금융 당국이 공매도를 제한하여 시장 조작이나 과도한 가격 변동을 막을 수 있다. 일부 투자자들이 시장을 조작하는 것을 방지하고 소액 투자자를 보호하는 목적도 있다. 금융 시스템 전반의 안정성을 고려하고 금융 시스템의 위험을 감소시키기 위해 공매도를 제한할 수 있다.

공매도 금지는 시장의 안정성을 유지하고 투자자를 보호하며 시장 조작을 방지할 수 있다는 장점이 있다. 하지만 시장 유동성과 효율성을 해치고 투자 전략의 다양성을 제한하게 된다. 시장의 자유 경제 원칙에 따르며 자유로운 시장에서 거래해야 하는데 방해가 되니 반대하는 여론도 존재한다. 중요한 것은 시장의 안정성과 투자자를 고려하면서도 금융 시스템이 효과적으로 운영되고 유동성을 제한할 수 있는 균형점을 찾는 것이다.

## 🔖💡 어떻게 생각할 것인가

비판적 사고란 무엇일까? 비판적 사고는 특정 주장이나 상황에 대해 깊게 생각하고 논리적·합리적으로 판단하는 것이다. 비판적 사고를 하기 위해서는 문제를 정의할 수 있어야 한다. 어떤 문제나 상황을 명확하게 이해하고 정의하여 문제의 본질을 파악하고 중요한 측면을 식별해야 한다. 관련된 정보와 자료를 수집하고 다양한 소스에서 정보를 얻고 수집한 정보를 바탕으로 가설을 세운다. 가능한 한 여러 가설을 설정하여 상황을 다양한 시각에서 이해하도록 노력한다. 각 가설이나 주장을 논리적으로 분석하고 오류나 모순을 찾는다. 제시된 주장이나 가설을 뒷받침하는 근거를 평가한다. 신뢰성이 높고 타당성, 일관성이 있는 자료가 좋은 근거가 된다. 수집된 정보와 논리적 추론을 바탕으로 자신만의 의견을 형성한다. 다양한 대안을 고려하고 여러 가능성을 탐구하여 최종적으로 결정한다. 그 결정과 판단에 대해 주기적으로 반성하고 필요한 경우 개선을 통해 비판적 사고 능력을 향상시킬 수 있다.

공매도 금지에 대해 비판적으로 생각해보자. 첫째, 공매도 금지 이유와 목적을 분석한다. 공매도 금지의 주된 목적과 근거를 파악해본다. 왜 공매도를 제한하는지 어떤 문제를 해결하려고 하는지를 이해한다. 공매도 금지의 긍정적인 측면과 부정적인 측면을 생각해본다. 이전에 공매도가 금지된 경우나 유사한 규제가 적용된 시장에서 어떤 영향이 있었는지 찾아보는 것이다. 금융 시스템은 매우 복잡하며 시스템에 서로 긴밀한 영향을 미친다. 그 부분을 고려하여 내용을 정리해본다. 공매도 금지에 영향을 받을 수 있는 금융 기관이나 투자자, 시장 전문가의 다양한 의견을 알아본다. 공매도 금지가 유용하지 않다고 생각된다면 대안을 생각해보는 것도 좋다. 규제 강화나 시장 모니터링 강화, 투자자 교육 등 다양한 방법을 생각해볼 수 있다. 공매도 금지 조치가 시장에 어떤 결과를 초래할지 예상해보고 긍정적 결과와 부정적 영향을 정리한다. 이 단계들을 종합하여 공매도 금지에 관한 균형 있는 결론을 도출한다. 어떤 측면에서 금지가 필요하다고 판단하는지, 어떤 이유에서 우려가 되는지 더 정확히 알 수 있다. 이렇듯 비판적으로 생각하다 보면 주제에 대해 더 깊은 이해와 다양한 시각을 가질 수 있다. 항상 모든 판단은 다양한 변수와 이해관계자들의 의견을 종합적으로 고려하여 신중하게 해야 함을 배울 수 있을 것이다.

 ## 비판적 사고력 UP!

1. 공매도의 개념과 장단점을 정리해보자.
2. 공매도 금지에 대해 찬성과 반대 의견을 정리해보자.
3. 공매도 금지에 대해 비판적으로 사고하는 과정에서 배운 점을 적어보자.

# 공정무역 활성화가 착한 소비를 만든다

공정무역은 다양한 상품의 생산에 관련하여 여러 지역에서 사회와 환경 표준뿐만 아니라 공정한 가격을 지불하도록 촉진하기 위해 국제 무역의 시장 모델에 기초를 두고 조직된 사회 운동이다. 경쟁에서 떠밀려 버린 생산자와 노동자들이 함께 시장에서 일할 수 있게 하는 데 목적이 있다. 경쟁력이 없는 노동자와 생산자들이 권익을 보장하기 위해 더 나은 무역 조건을 제공함으로써 지속 가능한 발전을 돕고자 한다. 이는 노동자와 생산자들이 생계의 안정성과 경제적 자급자족이 되도록 취약한 상태에서 벗어나게 하는 것을 목표로 한다. 또한 그들 자신의 조직에서 지분을 갖게 하고 국제 무역에서의 공정성을 갖기 위한 자립 능력을 주고자 노력한다.

국제 무역에서 생산자들의 권리를 보호하고 지속 가능한 생산을 촉진하고, 무역 관계에서 경제적으로 불이익을 받는 생산자들을 위한 기회를 창출한다. 빈곤의 완화와 지속 가능한 발전을 위한 전략으로 투명한 관리를 통해 서로 존중하며 공정한 거래가 일어나도록 한다. 그 지역 또는 현지 사정에 맞는 공정한 가격을 대화와 합의를 통해 결정한다. 사회적으로 공정하고 환경적으로 건전한 방향으로 생산 원가가 결정되고 생산자에게 공정한 급여를 제공한다. 여성이든 남성이든 똑같은 노동에 똑같은 급료를 지불한다. 공정무역 거래자들은 생산자들이 수확이나 생산 전에 자금을 받을 수 있도록 거래자에게 즉시 비용을 지불하는 것을 원칙으로 한다. 어떤 사람이든 노동에 기여한 만큼 임금이 지불된다. 생산자를 위한 안전하고 건강한 노동 환경을 갖추기 위해 노력하는 것이다(위키백과 참고).

공정무역은 생산자에게 공정한 가격을 제공하고 국제 시장의 가격 변동에 영향을 받지 않는다. 생산자들은 안정적인 소득을 얻어 근로자들의 노동 조건을 개선하고 적절한 임금과 안전한 작업 환경을 제공하고자 한다.

환경에 대한 존중과 보호를 강조하며 지속 가능한 방법으로 생산을 할 수 있도록 노력한다. 화학 비료와 농약의 최소 사용, 생태학적인 균형을 고려한 농업 등이 그 예시다. 또한 지역 커뮤니티의 발전을 지원하는데, 공정무역조직은 사회 서비스나 의료, 교육에 투자해 지역 사회 발전을 돕는다. 생산 과정에서 투명성과 책임성을 강조한다. 제품의 생산 과정이나 가격 구성에 대한 정보를 소비자에게 제공하여 거래 과정이 투명하고 공정하게 이뤄지도록 한다. 지속 가능한 자원 사용과 환경에 대한 존중을 강조하며 지구 친화적인 제품 생산을 위해 노력한다는 특징이 있다. 노동자들의 권리를 보호하고 인간적인 조건에서 노동할 수 있도록 지원하는 공정무역의 대표적인 상품으로는 커피나 초콜릿, 차, 의류, 과일 및 채소와 공예품 등이 있다.

## 📖💡 어떻게 생각할 것인가

공정무역에 대해 알아보았다. 그렇다면 공정무역과 연결지어 이를 생활에서 실천할 방법은 무엇이 있을까 생각해보자. 우리는 정보를 얻으면 정보가 어떻게 나의 생활과 연결될 수 있을지를 살펴야 한다. 제시된 정보가 믿을 만하고 활용 가능하면 내가 생활하는 데이터와 연결하여 활용할 방안을 찾는 것이 중요하다. 정보가 지식으로 머무는 것이 아니라 활용되어야 한다. 활용을 통해 정보는 더 확장되고 의미를 갖게 된다.

공정무역에 대해 익힌 다음 공정무역을 나의 생활과 연결 지을 수 있는 활동으로 착한 소비가 있다. 공정무역은 착한 소비의 한 형태로 활용할 수 있다. 둘의 연관성을 따져보면 공정무역은 생산자에게 공정한 임금과 적절한 노동 조건을 제공하게 한다. 이는 착한 소비의 사회적 책임과 통한다. 착한 소비자들은 기업이 노동자의 권리를 존중하고 공정한 노동 환경을 제공하는 것을 지원한다. 착한 소비나 공정무역 모두 환경 친화적인 제품이나 생산 방식을 선호하며 자원 소모가 적고 재생 가능한 자원을 사용하는 기업이나 제품을 지원하는 소비자의 선택이 중요해지는 것이다. 소비자의 윤리적인 실천을 위한 교육을 중요시하며 지역 커뮤니티와 작은 생산자를 지원하는 공통점도 가진다. 지속 가능성과 환경, 사회적 책임과 로컬 소비, 소비자 교육을 중요시하는 착한 소비는 공정무역의 확장된 개념이다. 공정무역을 통해 착한 소비를 할 수 있는 기틀을 마련해주는 것이다. 우리가 공정무역이 활성화되도록 착한 소비를 이어가는 것이 공정무역에 대한 공부를 하는 이유가 된다.

이처럼 정보를 파악하면 그것을 실생활과 연결지어 활용할 수 있는 방법을 찾는 것은 의미가 있다. 이는 자신의 세계관을 확장하고 삶을 변화시키는 원동력이 되어 생각을 확장시켜 준다.

 **비판적 사고력 UP!**

1. 공정무역이 필요한 이유는 무엇인가?
2. 착한 소비를 할 수 있는 방법을 생각해보자.
3. 공정무역과 착한 소비를 연결해서 생각할 때의 좋은 점은 무엇인가?

# 07 스테그플레이션이 몰려온다

스테그플레이션은 스테그네이션과 인플레이션의 합성어다. 높은 물가 상승과 실직, 경기 후퇴가 동시에 나타나는 경우를 말한다. 리세션 인플레이션이라고도 하며 정도가 심할 경우 슬럼프레이션이라고도 한다. 인플레이션 지수가 높고 경제 성장 지수는 낮으며 실업률은 높은 상태가 유지되는 상황이다. 경제가 좋을 때는 물가 상승이 자연스럽다. 경제가 좋아지면 사람들의 소비가 그만큼 늘어나기 때문이다. 경기가 상승하면 물가는 오르고 경기가 나빠지면 물가는 낮아지는 것이 기본적인 형태이다. 그런데 경제 상황이 아주 좋지 않은데 물가가 오를 때가 있다. 즉 경기는 안 좋은데 물가가 오르는 것을 스테그플레이션이라고 한다. 또 이와 반대로 경제는 호황인데 물가도 안정되어 있는 상태를 골디락스 경제라 부른다.

스테그플레이션의 이유는 여러 가지가 있지만 그중 하나가 공급 비용의 상승이다. 예를 들어, 석유를 수입하는 나라의 경우는 오일 쇼크로 원유값이 상승하면 생산품의 가격이 높아질 수밖에 없다. 생산 비용이 높아지니 생산량이 감소한다. 이런 구조로 인해 경제 상황이 안 좋아지는 것이다. 역사적으로 석유 위기와 같은 공급 충격은 때때로 일어나는 현상이다. 그러나 1970년대와 1980년대에 비용 상승 때문에 발생한 것 말고 다른 때의 스테그플레이션은 설명할 수 없다는 한계가 있다. 또 하나의 원인으로 확장적 통화 정책을 꼽는다. 1970년대 이후 등장한 이론이다. 인플레이션은 화폐적 현상일 뿐이라는 주장이다. 통화 정책을 확장하면 실물 경제에는 아무 도움이 되지 못한 채 물가만 올리게 된다는 것이다. 통화량이 일정하게 유지되는 수준으로 통화 정책을 펼쳐야 한다는 주장이다. 하지만 케인즈 경제학파는 경기 침체의 해결책을 통화 정책 확장으로 뽑고 있다. 두 견해는 반대되는 주장으로 스테그플레이션의 원인을 설명하는 데 있어 논란이 된다.

역사상 스테그플레이션의 예시로 1970년대 전 세계 오일 쇼크가 있었다. 1997년 한국과 아시아의 외환 위기도 있다. 외환 위기 당시 일시적으로 물가와 실업률이 높아지고 인플레이션이 10%를 넘었다. 특히 IMF가 강요한 고금리 정책으로 인해 건실한 기업들까지 줄도산하면서 실업률이 폭발하고 생활 물가가 상승하는 상황이 지속되었다. 2021년 코로나 대유행으로 인한 대봉쇄 이후 대한민국과 유럽의 경기도 심상치 않았다. 특히 2022년 러시아의 우크라이나 침공을 계기로 스테그플레이션 우려는 더욱 커지고 있다. 서방 세계가 러시아를 압박하기 위해 경제 제재를 가하고 있어 러시아의 원유, 원자재, 곡물 수출에 차질이 생겼다. 러시아가 이를 이겨내지 못하면 경제 성장률은 낮아질 것이고 전쟁의 여파로 인플레이션은 가속화될 수밖에 없다. 우크라이나도 곡물 수출에 차질이 생겼다. 이러한 전쟁의 여파가 세계 경제를 흔들고 있다(나무위키 참고).

스테그플레이션 대책은 당장 물가를 내리고 경기는 올리는 정책뿐이다. 그러나 이것이 말처럼 쉽지는 않아 세계 경제에 먹구름이 드리워지는 중이다.

## 📖💡 어떻게 생각할 것인가

스테그플레이션은 스테그네이션과 인플레이션이 합쳐진 단어다. 스테그플레이션을 공부하는데 스테그네이션과 인플레이션의 의미를 모른다면 어떨까? 정작 스테그플레이션을 이해하기가 쉽지 않을 것이다. 왜냐하면 기본적으로 용어를 이해할 때 그것을 이용한 단어 뜻을 깊이 있게 이해할 수 있기 때문이다. 문해력을 높이는 데 어휘력은 빼놓지 않고 등장하는 개념이다. 어휘의 의미를 모르면 어휘가 합쳐진 합성어의 뜻을 이해하는 것은 더 어려운 일이다. 그래서 우리는 특정 주제나 개념과 관련된 정보를 먼저 알아봐야 한다. 관련된 개념의 의미를 찾기 위해서는 온라인 검색 엔진이나 전문적 학술 데이터베이스를 이용하면 좋다. 전문 웹사이트와 포럼을 확인하고 도서관을 이용한다. 소셜 미디어 및 커뮤니티에 참여하거나 강의 및 온라인 수강으로 공부해도 된다. 다행히 인플레이션이라는 개념은 우리 주변에서 쉽게 자료를 구해 알아볼 수 있다. 스테그플레이션을 공부하기 전에 이 개념부터 확실하게 알아두고 가면 도움이 될 것이다.

인플레이션은 물가 수준이 상승하고 통화의 구매력이 감소하는 현상이다. 인플레이션은 소비자가 구매하는 상품과 서비스의 평균 가격을 나타내는 지표인 소비자 물가 지수와 생산자가 생산한 상품과 서비스의 가격 변동을 측정하는 생산자 물가 지수로 측정된다. 인플레이션은 수요가 공급을 초과하여 방생하는 수요성 인플레이션과 공급 요인이나 생산 비용의 상승으로 인해 발생하는 원가 인플레이션이 있다. 인플레이션이 발생하면 동일한 금액의 돈으로 물품과 서비스를 적게 구매할 수밖에 없다. 통화의 가치가 떨어져 소득이 고정된 경우 구매력이 감소할 수밖에 없다. 급속도로 물가가 상승하는 하이퍼인플레이션도 있다. 이럴 때는 경제의 불안정성으로 금융 시스템이 위험할 수도 있다. 많은 국가에서 중앙은행이 통화의 안정성과 물가 안정을 위해 통화 정책을 조절한다. 정부는 재정 정책을 통해 통화 공급을 조절하여 물가 안정을 유지하려고 한다. 세금 조절이나 예산 조정 등의 방법을 상의한다. 생산성을 향상시켜 생산 비용을 낮추고 임금과 가격을 통제하여 인플레이션을 제어하기도 한다. 구조적인 개선을 통해 불균형을 개선하고 장기적으로 노동 시장 개선, 경제 다각화, 교육 등의 방법을 활용해 인플레이션을 제어하려는 노력이 필요하다. 이처럼 인플레이션 개념을 이해하면 스테그플레이션을 알아보는 데 확실히 도움이 된다. 관련된 용어나 개념을 정리하는 것은 정보를 받아들이는 데 큰 도움이 되는 기본 태도이다.

## 🏫 비판적 사고력 UP!

1. 스테그네이션 개념에 대해 조사해보자.
2. 스테그네이션과 인플레이션을 공부한 후
   다시 스테그플레이션에 관한 자료를 찾아보자.
3. 관련 용어를 익힌 후 정보를 받아들이는 것의 이점을 생각해보자.

# 자동차의 진화에 주목하라

자동차 산업은 지속적으로 진화하고 있다. 생활과 밀접하게 관련된 기술이라 사람들의 관심도 높다. 최근 몇 년 동안 자동차업계에서 이슈가 되는 몇 가지 흐름이 있다. 우선 전기차가 늘어나고 있다. 전기차는 내연 기관 대신 전기 모터를 이용하여 움직인다. 전기차의 주요 에너지 저장 장치는 리튬 이온 배터리 등의 고용량 배터리이다. 전기차는 동작 과정에서 직접적인 배기가스를 배출하지 않는다. 전기차 사용으로 전력을 생산하는 발전에서 나오는 오염을 줄일 수 있다. 전기 모터는 내연 기관보다 에너지 효율이 좋다. 전기차의 연료는 상대적으로 저렴하며 정부에서도 전기차 사용을 권장해 세제 혜택을 제공하므로 더욱더 경제적이다. 그러나 아직 충전에 불편함이 있다. 충전 인프라가 많지 않고 배터리 수명이 짧다. 충전에 대한 제약은 전기차 사용 확대를 위해 꼭 해결해야 할 숙제다. 전기차에는 전기와 연료를 모두 사용하는 플러그인 하이브리드와 완전히 전기로 동작하는 배터리 전기차가 있다. 다양한 자동차 제조사들이 전기차 개발에 투자하고 있으며 전기차 시장은 급격히 성장할 것으로 보인다.

자동차업계의 또 다른 이슈로는 자율 주행을 꼽을 수 있다. 자율 주행차는 인간 운전자 없이 스스로 주행하는 자동차다. 자율 주행은 인간이 모든 주행 작업을 수행하는 레벨 0부터 특정 기능에서 자동화를 지원하는 1단계, 부분 자동화와 조건부 자동화의 단계로 확장된다. 4단계에서는 대부분의 주행 상황에서 차량이 자율적으로 운전하는 고도 자동화가 가능하고, 레벨 5는 어떤 운전 상황에서도 운전자의 개입이 필요 없는 단계이다. 자율 주행의 기술은 레이더, 카메라, 라이다 등의 센서를 통해 주변 환경을 감지하는 센서 기술에 있다. 데이터 분석 및 판단을 위한 기술과 차량 간 및 차량과 인프라 간의 통신을 감지하는 v2x 기술도 중요하다. 고정밀 지도를 활용하여 정확한 위치를 파악하기도 한다.

자율 주행의 장점은 기술적인 발전으로 차량 간 충돌 위험을 줄인다는 것이다. 운전자가 운전에 집중하지 않아도 되기에 다른 활동과 병행할 수 있으며 자율 주행자들 간의 통신을 통해 교통 흐름을 최적화할 수도 있다. 다만, 완벽한 자율 주행을 실행하기 위해서는 다양한 환경에서의 대응 능력이 필요하며 기술적인 문제들도 아직 해결해야 할 과제로 남아있다. 자율 주행차 도입에 필요한 각종 규제와 보안, 윤리 등이 정비되어야 한다. 자율 주행차의 보편적인 사용을 위한 도로 및 도시의 인프라도 더 갖춰져야 할 것이다. 자율 주행차 기술은 현재 한창 연구 중이며 이미 상용화되어 사용하는 자율 주행차도 있다. 자율 주행 기술은 미래 도로 교통 및 모빌리티의 패러다임을 완전히 바꿔놓을 것이다.

## 어떻게 생각할 것인가

자동자 시장의 변화에 대해 알아보면서 전기 자동차와 자율 주행에 대해 설명하고 있다. 그렇다면 자동차 시장의 이슈는 이게 전부일까? 그렇지 않다. 이 외에도 자동차 시장에서 변화의 이슈는 다양하다. 자동차와 디지털화의 연결을 통한 사이버 보안과 소프트웨어 업데이트 및 관리, 자동차 판매 및 보유 모델의 변화, 자동차 부품의 국제 무역 문제와 전기차 배터리 자원 공급까지 관심을 가질 주제가 다양하다. 하나의 주제에 대해 공부하면서 다른 이슈까지 관심을 갖고 확장시킬 필요가 있다. 인공지능에 대해 공부하면 인공지능의 데이터 보호 문제를 살펴봐야 하는 것처럼 말이다. 사이버 보안에는 디지털 프라이버시라는 다른 측면이 존재한다.

이처럼 한 가지 주제에 대한 다른 이슈들을 공부하는 것은 생각을 확장시키는 데 도움이 된다. 그 주제에 더 깊이 있게 공부하게 되고 스스로 파고들 수 있는 힘을 길러준다.

자동차 이슈에서도 마찬가지다. 앞서 언급한 2가지 이슈 이외에 관심 있거나 중요하다고 생각하는 주제에 대해 더 조사할 수 있어야 한다. 예를 들어, 카셰어링이나 모빌리티 서비스가 더욱 중요한 주제라고 생각할 수 있다. 자율 주행보다 더 친환경적이고 자원 효율성을 높이기 때문이다. 자율 주행과 함께 구현되어도 좋을 기술이기도 하다. 모빌리티 서비스도 마찬가지다. 여러 종류의 교통수단을 통합하여 제공하는 서비스로 카셰어링 이외에도 자전거 대여, 전동 킥보드, 대중교통, 택시, 모빌리티 플랫폼 등을 포함하는 개념이다. 이는 도시가 스마트해지면서 더 많은 기술의 연결을 통해 편리성을 추구하는 흐름에서 생겨났다. 자율 주행과 인공지능, 카셰어링의 다양한 형태가 복합적으로 작용하여 더 편리한 이동 생활을 보장해줄 것이다. 이런 개념들을 함께 익혀두면 자율 주행이나 전기차 사용을 넘어선 자동차나 이동 수단의 변화에 대해 깊이 있게 이해할 수 있다. 한 가지 주제에 머물지 말고 주제를 확장하여 접근하면 이러한 이점을 얻을 수 있다.

 ## 비판적 사고력 UP!

1. 자동차업계의 이슈 중에서 가장 중요하다고 생각하거나 더 공부하고 싶은 주제는 무엇인가?
2. 그 주제를 자율 주행이나 전기차와 연결해서 생각을 확장해보자.
3. 관련된 주제를 더 넓게 공부할 때 이점은 무엇인가?

# 규모의 경제에서 속도의 경제로

이제 경제는 규모에서 속도를 중시하는 방향으로 변화할 것이다. 규모의 경제와 속도의 경제는 어떻게 다르고 무엇 때문에 변화하게 된 것일까?

규모의 경제는 생산량이나 규모가 커질수록 단위당 생산 비용이 감소하는 경향을 나타내는 경제 이론이다. 이는 특정 생산 프로세스나 활동에서 고정 비용이 분산되면 생산 단위당 평균 비용을 감소하게 만든다. 규모의 경제는 다양한 산업과 비즈니스에서 나타나는데 특히 고정 비용이 큰 경우에 두드러진다. 생산 규모가 커지면 고정 비용이 생산량에 분산되어 단위당 고정 비용이 감소한다. 대규모 생산은 자원을 더 효율적으로 사용하도록 한다. 생산 설비의 연속 가동이 가능해지거나 대량 구매로 이어지면 자원은 절약된다. 규모의 경제를 활용하면 경쟁에서 우위를 점할 수 있다. 낮은 평균 비용으로 제품을 생산할 수 있어 가격 경쟁력을 확보할 수 있기 때문이다. 규모의 경제 예시는 자동차 산업이나, IT 제조업이나, 서비스 업종이다. 규모의 경제가 지나치게 커지면 단일 기업이 시장을 독점하게 되거나 기업 내 의사결정이 느려지고 비효율적인 구조를 가지는 등의 문제가 발생할 수 있다.

속도의 경제는 특정 작업이나 프로세스를 빠르게 수행하면서 발생하는 경제적 이점을 나타내는 개념이다. 이는 특히 생산과 관련된 분야에서 자주 쓰인다. 빠른 속도로 생산하거나 서비스를 제공하면서 다양한 경제적 이익을 얻는다. 이는 작업이나 생산 프로세스를 빠르게 만들어 단위 시간당 생산량을 증가시킨다. 제품이나 서비스를 신속하게 제공해 고객 만족도가 증가하며 유연성을 확보하고 빠르게 시장 변화에 대응할 수 있게 해준다. 예를 들어, 생산 라인 속도를 향상하거나 서비스 속도 향상, 소프트웨어 개발 속도를 높여 신속한 제품 출시를 하는 것들이 이에 해당된다. 빠른 속도로 생산하면서 고정 비용을 빠르게 줄여 생산이나 서비스가 빠르게 이루어지면 자본 회전율이 향상되어 자금을 효과적으로 활용할 수 있다. 더 빠르게 제품이나 서비스를 고객에게 제공하면 시장에서의 경쟁력도 강화된다. 하지만 속도를 높일 때의 문제도 있다. 빠른 속도로 생산하더라도 품질은 유지해야 한다. 속도의 증가가 만약 품질 저하로 이어진다면 속도의 경제는 환영받지 못할 것이다. 속도의 증가를 위해 간혹 추가 비용이 필요한 경우도 있다. 이렇게 되면 비용과 효율 사이에서 고민할 수밖에 없다.

규모의 경제는 주로 양적인 측면에 중점을 두고 생산 규모를 크게 하는데 초점을 맞추는 반면, 속도의 경제는 주로 빠른 속도로 일을 처리하고 효율적으로 서비스를 제공하는 데 중점을 둔다. 두 전략은 서로 상충할 수 있으며 균형을 유지하는 것이 중요하다.

## 어떻게 생각할 것인가

경제의 흐름이 규모에서 속도로 변화하고 있다. 이유가 무엇일까? 우리는 어떤 사안을 대할 때 원인에 대해 생각할 수 있어야 한다. 원인을 생각하면 특정 흐름에 대한 논리적 추론이 가능하다. 경제의 흐름이 왜 바뀌는지 커다란 변화를 이해하는 데 도움이 된다. 또 이유를 생각하면서 다양한 정보를 평가하고 정리할 수 있다. 비판적 사고는 다양한 정보를 비교하고 필터링하는 것이 중요하다. 이유를 찾는 과정에서 이것을 연습할 수 있다. 각각의 이유는 특정한 관점이나 입장을 나타낸다. 이는 개별적인 주장이나 결론을 비판적으로 검토하는 데 도움이 된다. 이유를 생각하면서 모순된 주장이나 논리적 결함을 식별하고 해결책을 생각해볼 수도 있다. 자신의 생각과 견해를 깊이 있게 들여다보며 개인의 선입견을 이해하고 바로잡는 데 도움을 받는다. 복잡한 문제일수록 이유를 생각하며 정리하다 보면 문제 해결 능력 또한 향상된다.

규모의 경제나 속도의 경제 모두 기업이나 조직이 효율적으로 운영되고 경제적 이점을 얻기 위한 각기 다른 장점을 가지고 있다. 규모의 경제에서 속도의 경제로 나아가는 이유는 현대 비즈니스 환경에서 기술 혁신과 디지털화가 급속히 진행되고 있기 때문이다. 새로운 기술의 도입과 디지털 기술의 발전은 생산과 서비스 분야에서의 프로세스를 더욱 효율적으로 만든다. 소비자들의 요구와 기대가 빠르게 변화하는 것도 이유다. 고객은 빠른 서비스 제공을 원하고 즉각적으로 반응한다. 다양한 옵션에 대한 높은 수준의 선택권을 원하기에 속도가 중요하다. 경쟁이 치열한 글로벌 시장에서 살아남는 데 빠른 의사 결정과 신속한 행동이 필요하다. 기업의 경쟁 우위를 확보하는 결정적 힘이 속도에 의해 좌우된다. 시장은 불안정하고 예측하기 어렵게 변화하고 있다. 이러한 변화에 빠르게 대응할 수 있는 민첩성과 유연성이 중요하다. 기업들은 생산과 운영에서 효율성을 높이고 더 나은 서비스를 빠르게 제공해 경쟁 우위를 차지하기 원한다. 이에 데이터 기반 결정과 소프트웨어 중심의 비즈니스 모델이 더 속도 경쟁을 부추기고 있다. 이 같은 이유로 속도는 이제 기업에 아주 중요한 요소가 되어 가고 있으며 이런 흐름은 한동안 계속될 전망이다.

##  비판적 사고력 UP!

1. 규모의 경제 개념과 속도의 경제 개념을 정리해보자.
2. 규모에서 속도의 경제로 변하는 이유는 무엇인가?
3. 이유를 생각해보는 과정에서 내가 성장하고 달라진 점을 생각해보자.

한국경제산업연구원에서 2021년 발표한 한국의 5대 미래 전략 사업으로 반도체, 미래 모빌리티(전기차), 디스플레이, 바이오헬스, 이차전지가 있다. 반도체 산업은 현대 사회에서 매우 중요한 산업 중 하나다. 반도체는 전자 기기의 핵심 부품으로 사용되며 다양한 분야에서 기술 혁신과 발전을 이끌고 있다. 빠른 속도로 발전하고 있으며 이는 다양한 산업 분야에서 혁신과 발전을 이끈다. 정보통신, 자동차, 의료 에너지 등에서 반도체 기술의 발전은 새로운 기회와 가능성을 제공한다. 반도체 산업은 많은 규모의 기업과 연관되어 있다. 이는 경제적으로 일자리 창출과 경제 활동을 촉진하는 중요한 역할을 한다. 반도체는 다른 산업과 긴밀하게 연결되어 기존 산업의 혁신과 변화를 이끌어 낸다. 예를 들어, 스마트폰, 자율 주행차, 인공지능 등의 기술은 반도체 기술의 발전에 크게 의존한다. 이를 통해 산업 전반에 혁신과 변화를 가져온다. 그러나 반도체 산업은 매우 경쟁이 치열하고 기술적 도전이 많은 산업이다. 기술 발전에 따른 비용 증가와 기술적 난제를 해결해야 한다. 제조 과정에서는 환경에 부정적인 영향을 미칠 수 있는 화학 물질 사용과 폐기물 처리 문제도 있다.

　미래 모빌리티에서 전기차는 중요한 역할을 할 것으로 예상된다. 전기차는 오염 물질의 배출 없이 동작되는 차량이다. 이는 대기 오염 개선 및 기후 변화 대응에 도움이 된다. 전기차는 전기로 구동되기 때문에 내연 기관을 사용하는 일반적인 차량보다 에너지 효율이 높다. 이는 에너지 사용의 경제성과 지속 가능성을 향상시킨다. 전기차 산업은 기술 발전과 혁신을 촉진한다. 배터리 기술, 충전 인프라, 자율 주행 기술 등 다양한 분야에서 연구와 발전이 이루어지고 있으며, 많은 국가에서 전기차 보급을 촉진하기 위해 정부 정책과 지원을 제공한다. 전기차 보급을 위해서는 충전소 보급 확대와 빠른 충전 기술 개발이 필요하다.

디스플레이 산업은 정보를 시각적으로 표현하고 전달하는 기술이다. 정보를 시각적으로 표현하고 전달한다. 텔레비전, 모니터, 스마트폰, 태블릿 등 다양한 기기에서 디스플레이 기술이 사용되며 사용자들에게 정보를 효과적으로 전달한다. OLED, LCD, QLED 등 다양한 디스플레이 기술의 발전은 고품질의 화면과 더 나은 시각적 경험을 제공한다. 디스플레이 제조 과정에서는 환경에 부정적인 영향을 미칠 수 있는 화학 물질 사용과 폐기물 처리와 같은 문제가 발생할 수 있어 적절한 환경 관리와 대응이 필요하다. 디스플레이 산업은 매우 경쟁이 치열하고 가격 하락 경향이 있다. 경쟁력을 유지하고 가격 경쟁에 대응하기 위해서는 기술 개발과 효율성 향상이 필요하다.

바이오헬스 산업은 의료, 식품, 환경, 농업과 미생물 등 생명과학 분야에서 바이오 기술을 활용하여 새로운 제품 및 서비스를 개발하는 산업이다. 바이오헬스 산업은 질병 예방과 치료에 대한 새로운 기술을 개발한다. 유전자 치료, 세포 치료, 면역 치료 등 다양한 기술을 활용하여 질병 치료 및 예방에 대한 새로운 가능성을 제시한다. 새로운 식품 및 농업 제품의 개발에도 기여한다. 생물학적 기술을 활용하여 더욱 안전하고 건강한 식품을 생산하고 새로운 작물 품종 개발 등 농업 분야의 발전을 이끌어 낸다. 바이오헬스 산업은 환경 보호 및 에너지 생산 분야에서도 활용된다. 생물학적 기술을 활용하여 대기 오염 물질 제거, 폐기물 처리, 생물 연료 생산 등 다양한 분야에서 성과를 내고 있다. 바이오 기술을 활용하여 개인 맞춤형 의료, 헬스케어, 식품 및 환경 분야에서 새로운 비즈니스 모델을 개발하고 시장을 선도하는 기업이 등장하고 있다. 바이오헬스 산업은 여러 기술 분야의 융합이 필요한 산업이다. 이를 극복하기 위해 다양한 분야의 전문가가 함께 협력해야 한다. 인간의 생명, 건강과 관련된 기술을 다루기 때문에 규제와 윤리적 문제가 발생할 수 있다.

이차전지는 일반적으로 리튬 이온 배터리로 알려져 있다. 전기 에너지를 저장하고 재충전이 가능한 배터리다. 이러한 배터리는 전자 제품과 모바일 기기, 전동 자전거, 전기 자동차 등 다양한 분야에서 활용된다. 이차전지의 주요 구성 요소는 양극과 음극 사이에 있는 전해질 그리고 양극과 음극을 구분하기 위한 분리막이다. 이차전지는 충전 상태일 때 전해질을 통해 이온들이 양극과 음극 사이를 이동하면서 전기 에너지를 저장한다. 방전 상태일 때는 반대로 이온들이 원래 상태로 되돌아가면서 저장된 전기 에너지를 사용한다. 리튬 이온 배터리는 고에너지 밀도로 인해 큰 용량을 가지며 작고 가볍기 때문에 휴대성이 좋다. 충전 및 방전 효율이 높고 자기 방전이 적어 장기적인 사용이 가능하다. 충전 사이클 수가 많아도 성능이 유지된다. 이차전지는 과열, 과충전, 과방전의 문제가 발생할 수 있다. 또한 생산과 폐기물 처리에 일정한 환경적 영향을 미칠 수 있다. 이차전지는 지속적인 연구와 기술 발전을 통해 성능과 안전성이 개선되고 있다.

## 📖💡 어떻게 생각할 것인가

한국의 5대 미래 전략 사업을 살펴보았다. 이 중에서 가장 중요한 사업이 무엇일까? 정보에서 우리는 선택을 할 수 있어야 한다. 선택은 우리가 살아가는 세상과 믿음, 가치관 등을 형성하는 데 중요한 역할을 한다. 우리가 선택하는 것은 개인적 믿음이나 가치관에 연관되어 있다. 따라서 선택을 할 때는 우리의 믿음과 가치관을 고려해야 한다. 선택은 우리가 어떤 사실을 판단할 때 중요한 역할을 한다. 선택을 할 때 문제에 대한 다양한 정보와 근거를 비판적으로 검토해봐야 한다. 비판적 사고는 선택을 위한 필수적인 능력이다.

선택할 때는 어떤 목표를 달성하고자 하는지를 고려해야 한다. 그 목표의 우선순위를 결정하여 선택에 반영해야 한다. 경제적인 이익을 추구하는지, 가치관을 실현하는지, 행복과 만족을 얻는지 등을 헤아려야 하는 것이다. 가능한 한 많은 정보를 수집하고 다양한 근거를 검토해 선택지를 비교하고 논리적으로 판단해야 한다. 사실에 기반한 판단은 비판적 사고의 일환이다. 선택은 개인의 윤리 의식, 가치관과 연관이 있다. 어떤 선택이 자신의 윤리적 원칙과 가치관에 부합하는지를 고려해야 한다. 선택은 단기적인 결과뿐 아니라 장기적인 영향을 생각해야 한다. 미래에 어떤 영향을 미칠지를 예측하여 판단하는 것이 좋다.

미래의 5대 전략 사업 중에 이러한 기준을 세워 가장 중요한 사업이 무엇인지 고민해보면 선택 기술을 익히는 데 도움이 될 것이다.

 **비판적 사고력 UP!**

1. 한국의 5대 미래 전략 사업 중에 가장 중심이 된다고 생각하는 사업과 이유는 무엇인가?
2. 1번에서 그 사업을 선택한 기준을 정리해보자.
3. 선택의 중요성에 대해 생각한 점을 정리해보자.

# 중등 필독 신문

1판 1쇄 인쇄 2024년 2월 26일
1판 1쇄 발행 2024년 3월 4일

**지은이** 이현옥, 이현주
**발행인** 김형준

**책임편집** 박시현, 허양기
**마케팅** 기소연
**디자인** design ko

**발행처** 체인지업북스
**출판등록** 2021년 1월 5일 제2021-000003호
**주소** 경기도 고양시 덕양구 삼송로 12, 805호
**전화** 02-6956-8977
**팩스** 02-6499-8977
**이메일** change-up20@naver.com
**홈페이지** www.changeuplibro.com

체인지업북스는 내 삶을 변화시키는 책을 펴냅니다.